高機能ASD児の教育と自立支援

梅永 雄二 著
Umenaga Yuji

教育出版

はじめに

　私は大学卒業後，独立行政法人「高齢・障害・求職者雇用支援機構（当時は雇用促進事業団身障部)」が全国に設置している地域障害者職業センター（当時は心身障害者職業センター）において「障害者職業カウンセラー」として働き始めました。

　最初の赴任地は神戸市にある兵庫障害者職業センターで，まだ阪神・淡路大震災前の 1983 年のことでした。

　4 月から 2 か月間，東京の本部でカウンセラーとしての研修を受講したものの，障害のことは全くわからなかった私は日々お会いする様々な障害のある人たちに十分な対応ができない状況でした。そんな中，3 期上の先輩カウンセラーに知能検査や心理検査を手取り足取り指導していただき，辛うじて日々の業務をこなしていました。

　ある日のことでした。最寄りのハローワーク（当時は職安：公共職業安定所）の障害者担当の方から，神戸市元町の靴工場で働いている自閉症の人がパニックになったので，専門家として一緒に来てほしいと言われました。

　ところが，カウンセラーとは名ばかりで，工場に出向いてもパニックを起こした自閉症の人の行動を鎮静化させることができず，工場の上司やハローワークの担当者の前でやり場のない気持ちになったのを今でも鮮明に記憶しています。

　その後，週末のたびに神戸の中心地である三宮の本屋さんに行っては自閉症に関する本を購入し，片っ端から読み進めたのですが，当時の自閉症はまだ情緒障害と捉える専門家も多く，心理療法や遊戯療法，受容交流療法，感覚統合訓練，コロロ方式，抱っこ法，行動療法など様々なアプローチが示されていたものの，それぞれの考え方が統一されておらず，対象も大人ではなく子どもが中心でした。ましてや，就労支援に関する専門書は皆無といった状況でした。

　そこで，このままじゃ専門家と言われても実力の伴わない「名ばかり専門家」

になってしまうと考え，障害者職業センターを休職し，大学院で自閉症に関する支援法を専門的に勉強することにしました。大学院では，当初小児精神神経科学がご専門の先生に指導を受けたのですが，その先生が「梅永君，残念だけど僕は医者として自閉症の診断はできても，就労支援はおろか治療方法もわからないんだよ。だから，僕じゃなく他の先生に指導を受けた方がいいと思うよ。」と素直にコメントされ，心理学の一分野である応用行動分析の先生に指導を受けることになりました。また，その先生と一緒に自閉症児の臨床指導をされていた（当時は専任講師の）先生に成人知能検査 WAIS と心理統計学の指導を受け，その先生に紹介された本が AAPEP（現在の TTAP）というもので，ここからアセスメントというものに興味を持ち始めました。

それから現在まで「自閉症の人の就労支援」に関する勉強を続けてきていますが，当時の自閉症は知的障害を伴う事例が多く，「言葉が全くない」，「言葉があってもエコラリア（反響言語）となってしまう」といったコミュニケーション指導と自傷や他害などの問題行動の抑制が自閉症に関わる専門家のメインターゲットとなっていました。

しかしながら，知的障害を重複している場合は教育機関も知的障害特別支援学校に進学することができ，また療育手帳も取得できるため，1987 年から知的障害者が「障害者の雇用の促進等に関する法律」に含められるようになったため，知的障害を伴う自閉症者も雇用率や助成金の対象となり，特例子会社等での雇用が進んできました。

一方，知的障害を伴わない ASD 者は，通常の高校や大学に進学しますが，就職となると就職活動のプロセスや企業面接でうまく対応できず，たとえ就職しても同僚上司の理解がない場合には対人関係でトラブルを生じて離職してしまうことが多いのです。

以上のことを踏まえ，本書ではアスペルガー症候群などの高機能 ASD 者の就労上の課題を検証し，どのような支援があれば就労および職場定着が可能となるかを考えていきたいと思います。

目　次

第1章

高機能ASD児者の課題

　高機能 ASD 者，いわゆるアスペルガー症候群と言われる人たちは，DSM-Ⅳ（アメリカの精神障害診断統計マニュアル第4版）では，「コミュニケーションや興味について特異性が認められるものの，言語発達は良好な先天的な発達障害」と定義されています（DSM-Ⅴではアスペルガー症候群という用語は消滅し，ASD に含まれる形になっています）。

　「アスペルガーの偉人たち」（スペクトラム社）を著したイアン・ジェイムズによると，画家・彫刻家のミケランジェロ，科学者のニュートン，音楽家のエリック・サティ，物理学者のアインシュタインなどもアスペルガー症候群であったのではないかといわれるように，美術や音楽，数学などに特異な能力を有している人たちが多いことも報告されています（他に画家のゴッホ，アンディ・ウォーホル，哲学者のウィトゲンシュタイン，バートランド・ラッセル，建築家のガウディなども）。

　しかしながら，近年欧米では高機能 ASD 者の就労の困難性に関する論文が数多く出ています。

　まず，アメリカヴァージニアコモンウェルス大学の Hendricks (2010) は，米国では高機能 ASD 者の50％〜75％が失業中であり，その原因は二次障害としてうつや不安，そううつなどの精神疾患を重複していることが就労を阻害している要因であるため，就労しても不安定で，何度も転職を繰り返しており，新しい仕事に適応できていないこと。また，ミシガン州立大学の Chen (2015) らは，同僚に比べ低賃金であり，言語障害者や学習障害者，そして何と知的障害者に比べても就職率が低いと報告しています。

　さらに，Chen らは，学校教育から就労への移行段階において，高機能 ASD 者は，新しい社会の役割に適応するためにも，就労に関連する社会的スキルを得るためにも長い時間を必要とするにもかかわらず，通常の高校や大学では就労に関連するスキルを学ぶプログラムがないことの問題を指摘しています（Chen・Sung・Pi, 2015）。

さらに，カリフォルニア大学バークレイ校の Muller らは，カリフォルニア州サンフランシスコ近郊のアスペルガー症候群 18 名に対し，アンケート調査を行ったところ，就労困難な問題点について以下の 4 点を導き出しています（Muller・Shuler・Burton・Yates, 2003）。

(1) 社会的キューや表情を理解することが困難
(2) 習慣上一般の人たちが理解できるような方法で感情を表現することができない
(3) 柔軟性がなく，変化への対応困難
(4) 新しい仕事に対する学習や適応が困難

　具体的には，履歴書やエントリーシートがうまく書けない，就職面接がうまくできないといった「就職活動のプロセスの問題」，新しい仕事を覚えるのに時間がかかるといった「新しい仕事の適応の問題」，行間が読めないといった職場の同僚・上司との「コミュニケーションの問題」，他者の気持ちを推し量るといった「社会的かかわり方の問題」などが挙げられています。
　逆に言うと，そういった問題をあらかじめ就労支援の専門家および企業の同僚・上司が把握し，彼らに合った合理的配慮を行えば，「アスペルガーの偉人たち」に勝るとも劣らぬ業績を彼らは発揮できる可能性を秘めているのです。
　その「彼らの問題を把握する」ということが，すなわちアセスメントなのです。
　アセスメントにより，彼らが抱える就労上の問題を明確にすることができれば，おのずとどのような支援が必要かといった次のステップが見えてくるでしょう。

２　支援内容を決めるためのアセスメントの必要性

　アセスメントという言葉を聞くと，「人が人を評価する」というのには抵抗があると思う人も多いのではないでしょうか。実際，「勤務評価」とか「教育評価」というと，マイナス面をあら捜しされているような気もします。

しかし，実際のアセスメントというのは我が国における「評価」というニュアンスとはやや異なる側面があるのです。

　私が自閉症の人の就労支援で悩んでいた時，恩師の児童精神科医故佐々木正美先生から「実際に TEACCH の実践を体験されてはどうですか。」と言われ，佐々木先生にご推薦いただき，2006 年から 2007 年にかけて，1 年間ノースカロライナ大学医学部精神科に属する TEACCH Autism Program に留学させていただきました。当時，ノースカロライナ州には 9 か所の TEACCH センターがあり（2021 年現在 7 センター），私は州西部のアッシュビル TEACCH センターで勉強をさせてもらいました。

　センターでの研修における最初の 3 か月間は，幼児から成人まで様々な自閉症（あるいはその可能性のある）人たちをワンサイドミラーで観察し，アセスメントをしなさいという内容でした。そこで私はそれぞれの自閉症の人たちの行動を観察し，「髪の毛を引っ張る癖がある」とか「唾吐きがある」「自傷が激しい」「言葉がない」などといった内容をアセスメントシートに記載し，指導教官に提出したところ，ひどく怒られてしまいました。その理由は，「自閉症の人たちがそのような行動を取るのは専門家ならわかっているはずです。言葉がないならどのような方法であればコミュニケーションがとれるのか，パニックが起きているのはどのような環境要因が影響しているか，そういったことを見出すのがアセスメントなのですよ。」と普段は優しい女性の指導教官に厳しい指導を受けたのを今でも記憶しています。

　つまり，アセスメントとは，マイナス面を抽出するのではなく，どのような支援を行えば自閉症の人が様々なスキルを獲得し，成長するかを見つけ出すこと。すなわち，自閉症の人を良く知る，理解することなのです。

　公認心理師の現任者講習テキストにも，「心理アセスメントは，面接，観察，心理テスト等を通してクライエント（自閉症や発達障害児者等）が抱えている問題を理解しようとする。その目的は，彼らに対して適切な介入や支援を考えるとともに，支援の効果を測定したり，予後や見通しを判断するための重要な

情報がアセスメントである。それゆえ，心理的アセスメントは心理的実践を根幹から支える重要な役割を果たしているのである。」と示されています（公認心理師現任者講習テキスト，2019）。

　さて，本題に戻りますが，知的障害者の就労支援を行うことを考えていきましょう。

　特別支援学校高等部，就労支援機関などによって異なるとは思いますが，最初から彼らに就労に対するモチベーションやニーズがある人は少ないでしょう。また，彼らがどのような仕事がどれくらい（作業理解やスピードを含めて）できるのかということも不明です。我が国に3万種もあるといわれる様々な職種とのマッチング（職業適性）を行うことも困難であり，たとえマッチする仕事があったとしてもどんな指導をしたらいいのかわからない。つまり，教師やジョブコーチ等の支援者側にとってわからないことだらけであり，支援方策の具体性，実践性が見えてこないのです。

　ここで，アセスメントに関連する用語を整理したいと思います。

　まずは，測定（measurement）ですが，これは一定の尺度を用いて数量的な結果を求める手続きです。身長計で身長を測る，体重計で体重を測るといったときに測定という言葉を使います。次に，検査（test）ですが，これは測定のための最も有効な手段となります。知能を測定する場合は知能検査を使います。また，診断（diagnosis）は，ある特定のカテゴリーに分類することであり，DSMやICDなどの診断基準に従ってSLDであるとかADHD，ASDであると分類されます。そして，アセスメント（我が国では評価といわれる）は，学校ではどのような教育を行うか，就労ではどのような支援を行うかを決める手立てになります。

　そのアセスメントには，フォーマルアセスメントとインフォーマルアセスメントに分けられますが，標準化された形にのっとったアセスメントがフォーマルアセスメントであり，代表的なものが知能検査です。インフォーマルアセス

メントは，形にのったものではないアセスメントであり，成育歴などの調査票や保護者によるヒアリングなどの情報収集，家庭での生活などのライフスキル，本人の興味，好み，コミュニケーションの手段などが含まれます。このような量的記述（検査，測定）によるフォーマルアセスメントと質的記述（非検査，非測定）であるインフォーマルアセスメントをもとに「意味づけ解釈」を行い，どのような支援計画を立てていけばよいかを判断する資料とするのです。しかし，アセスメントから支援方法を導くためには，数多くの臨床経験だけではなく，その折々で発生してきた疑問を解決すべき知識や情報の積み重ねが必要になってきます。

　それでは，具体的にどのようなアセスメントを行えばいいのでしょうか。

▶▶▶▶ ③ 就労におけるアセスメント

　就労におけるアセスメントで最も有名なのは，GATB（General Aptitude Test Battery:厚生労働省編一般職業適性検査）というものでしょう。

　この検査では，知的能力，言語能力，数理能力，書記的知覚，空間判断力，形態知覚，運動共応，指先の器用さ，手腕の器用さといった9つの適性能を測定し，表1に示されるような8領域40種の適性職業群を抽出することができます。

表1　GATB で導き出される 8 領域 40 の職業群

領域	職業群名
専門的・技術的職業	1．　自然科学系の研究の仕事
	2．　工学，技術の開発応用の仕事
	3．　人文科学系の研究の仕事
	4．　診断，治療の仕事
	5．　養護，看護，保健医療の仕事
	6．　相談助言の仕事
	7．　法務，財務等の仕事
	8．　著述，編集，報道の仕事
	9．　教育・指導の仕事

専門的・技術的職業	10.	教習，訓練，指導の仕事
	11.	デザイン，写真の仕事
	12.	測定，分析の仕事
事務的職業	1.	専門企画の仕事
	2.	一般事務の仕事
	3.	経理，会計の仕事
	4.	簡易事務の仕事
	5.	事務機器操作の仕事
販売の職業	1.	専門技術的な販売の仕事
	2.	販売の仕事
サービスの職業	1.	理容，美容の仕事
	2.	個人サービスの仕事
	3.	介護サービスの仕事
保安の職業	1.	警察，保安の仕事
	2.	警備，巡視の仕事
農林・漁業の職業	1.	動物の調教・管理，水産養殖，園芸の仕事
	2.	動植物の採取，飼育，栽培の仕事
運輸・通信の職業	1.	航空機，船舶の操縦の仕事
	2.	通信の仕事
	3.	車両等の運転の仕事
技能工，製造・建設，労務の職業	1.	製図および関連の仕事
	2.	手工技能の仕事
	3.	切削加工，造形の仕事
	4.	機械操作の仕事
	5.	加工，組立の仕事
	6.	機械，装置の運転看視の仕事
	7.	電気設備，機械設備の保守管理の仕事
	8.	据付機関，建設機械の運転の仕事
	9.	建設，設備工事の仕事
	10.	手腕作業主体の仕事
	11.	身体作業主体の仕事

しかしながら，GATB で出題される 11 種類の紙質検査問題そのものは時間的切迫化での検査問題（時間があれば解答できるような課題）であるため（他に 4 種の器具検査あり），じっくりと考えて答えを出すといったものは含まれていません。その結果，導き出される職業領域では，コミュニケーションが苦手な高機能 ASD 者でも，「相談助言の仕事」や「教育・指導の仕事」等に適性があると判定されてしまうことがあります。この領域の職業では人と関わる職務が多く，抽出された適性職業群が必ずしも実際の職業に結びつくものであるとは限りません。

　GATB 以外にも職業関係アセスメントでは，6 種の職業興味や 5 つの傾向尺度を測定する VPI 職業興味検査，ERCD 障害者用就職レディネス・チェックリスト，障害者職業総合センターで開発された 13 週間の WSSP（ワーク・システム・サポート・プログラム）で実施されている事務課題や OA 課題の能力を把握する MWS（ワークサンプル幕張版），内田クレペリン精神作業検査，SAT 特殊能力検査，タワー法，ヴューズ法，マイクロタワー法などのワークサンプルなどがあり，それぞれ特色のある素晴らしい検査法ですが，いずれも高機能 ASD 者の就労上の課題となるソフト（ライフ）スキルに深く踏み込んだ就労アセスメントになっているとはいえません。

　それでは，知能検査はどうでしょうか。

　知能検査も団体式，個別式などを含めると私が知っているだけでも表 2 に示されるように 30 種類以上あります。

表 2　様々な知能検査

コース立方体知能検査，ＩＴＰＡ，マッカーシ（MSCA），コロンビア（CMMS），P-B，レーベン式，ライター国際動作性，グッドイナフ，大脇式，DN-CAS，K-ABC，東大 A-S 知能検査，京大 NX 知能検査，　京大 SX15- 知能検査，石川 D 式知能検査，牛島式知能検査，村山式知能検査，大伴知能テスト，桐原一般知能検査，青山式知能検査，名大式標準知能検査，LIT 学習知能テスト，職業指導用知能検査，脳研式標準知能検査，学研式学年別知能検査，鈴木信式第一知能

検査，教研式新学年別知能検査－サポート・学習支援システム－，三浦Ｂ式小中学校用標準知能テスト，因子別知能診断神大式知能テスト，R-100（成人知能）検査，R.K.400（高級知能）検査，大研式DIT知能テスト

　知能検査の中で，一般に数多く使用されているものは個別式知能検査のビネー系知能検査（田中式，鈴木式，辰巳式，村山式）とWechsler式知能検査（WPPSI，WISC，WAIS）だと思われます。就労支援の対象となる年齢では，16歳以上を対象とするWAIS（Wechsler Adult Intelligence Scale）が使用されることが多い状況です。

　WAIS（現在は第4版であるWAISTM-Ⅳ）のメリットとしては，群指数のディスクレパンシー（バラツキ）によって全検査IQ（FSIQ）だけではなく，「言語理解指標」，「知覚推理指標」，「ワーキングメモリ指標」，「処理速度指標」といった4つの合成得点を算出することができるので，言語理解が弱くても知覚推理が高ければ，視覚的刺激の理解が高い可能性があると考えられ，視覚的構造化へとつなげていく可能性が出てきます。

　ただ，就労支援の現場では医療，教育，福祉などとは異なり，病院，学校，施設では把握できない様々な環境要因が存在する状況での対応力を把握する必要があるのです。

　そのような意味において，従来の職業リハビリテーションにおいて行われるアセスメントは，高機能ASD者には限界があるということを認識しておく必要があると思います。

4　ＡＳＤに特化したアセスメント

　それでは一体どのようなアセスメントを行えばいいのでしょうか。

　ASD者に特化した就労アセスメントとしては，ノースカロライナ大学医学部精神科のTEACCH Autism Programで開発されたTTAPというアセスメントがあります。

　TTAPとは，TEACCH Transition Assessment Profileのことで，日本語で

は「自閉症スペクトラムの移行アセスメントプロフィール」と訳されています。

　TTAP は，フォーマルアセスメントとインフォーマルアセスメントに分かれており，フォーマルアセスメントでは，検査道具を使用して行う直接観察尺度，保護者から家庭での状況をヒアリングして行う家庭尺度と学校／事業所尺度（学校在学中の場合は担任教諭，事業所に在籍している場合は事業所の担当者にヒアリングを行って状況を把握）の3尺度で評価を行います。そして，その各々の尺度に「職業スキル」「職業行動」「自立機能」「余暇活動」「機能的コミュニケーション」「対人行動」の6領域で構成されています。

　ここで注目すべき点は，ASD 者に特化して作成されたアセスメントであるため，仕事そのものの能力であるハードスキル（職業スキル）の他にソフトスキルといわれる領域が5領域（職業行動から対人行動まで）も設定されていることです。

　ソフトスキルとは，仕事そのものの能力ではなく，対人関係やコミュニケーション，時間厳守，身だしなみなど，間接的に仕事に影響を与えるスキルといわれています。

　そしてソフトスキルの多くは，小さい時から身につけておくべき日常生活スキルであるライフスキルと重なる部分が多く，このライフスキルが身についていないと，いくら仕事ができても上層のハードスキルはガタガタと崩れていく可能性が出てきます。

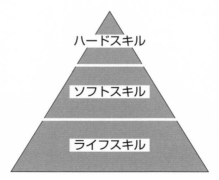

図1　スキルの段階

このライフスキルに関連する能力を把握するアセスメントとしては，S-M 社会生活能力検査，Vineland-Ⅱ，ADL（日常生活動作），IADL などがあります。S-M 社会生活能力検査は，子どもをよく知っている保護者や教師が行うもので，発達段階に分かれて 120 項目が設定されており，社会生活年齢（SA）と社会生活指数（SQ）を産出することができます。社会生活の内容は表 3 に示される 6 領域となっています。

表 3　S-M 社会生活能力検査

1．身辺自立	衣服の着脱，食事，排せつなどの身辺自立に関する能力
2．移動	自分の行きたい所へ移動するための能力
3．作業	道具の扱いなどの作業遂行に関する能力
4．コミュニケーション	言葉や文字などによるコミュニケーション能力
5．集団参加	社会生活への参加の具合を示す能力
6．自己統制	わがままを抑え，自己の行動を責任を持って目的に方向づける能力

（上野・名越・旭出学園，2016）

　S-M 社会生活能力検査にはコミュニケーションや集団参加などのライフスキルに関する項目が導入されていますが，対象年齢が乳幼児から中学生までとなっており，成人期のアセスメントとしては十分とはいえません。

　近年，いろんな支援機関で使用されてきている社会適応行動尺度として Vineland-Ⅱ というものがあります（Sparrow・Cicchetti・Balla, 2005）。適応年齢は 0 歳～92 歳と成人期も対象となっており，下位領域は「コミュニケーション」「日常生活スキル」「社会性」「運動スキル」の 4 領域が盛り込まれており，障害や発達特性によって生じる困難さ，社会適応の程度についてはかる検査となっています。対象も身体障害，知的障害，発達障害はもとより，精神疾患（認知症も含む）など広範囲であるため，食事や睡眠・排泄の困難，孤立，社

会的交流の困難，かんしゃく，うそをつく，身体的攻撃，家出，自傷行為，性的行動など様々な社会適応の問題が把握できます。ただ，範囲が広い分高機能ASD者には必ずしも必要ではないと考えられる項目も多く，その分就労現場などで必要とされる内容はあまり含まれていません。

　ADL（Activities of Daily Living：日常生活動作）はどうでしょうか。ADLでは，食事やトイレでの動作，排便，排尿，入浴，洗顔，着替え，歩行，階段の上り下り，記憶，コミュニケーションなど日常生活を送る上で，必要とされる様々な身の回りの動作のことが含まれており，日常での生活動作が自力で問題なく行えるほどADLが高いと評価されます。ADLを評価する方法として，表4に示されるようなFIM（Functional Independence Measure：機能自立度評価表）があります。

表4　FIM（Functional Independence Measure：機能自立度評価表）

分類		評価項目
運動項目	セルフケア	①　食事（咀嚼，嚥下を含めた食事動作）
		②　整容（洗顔，髭剃り，口腔ケアなど）
		③　清拭（風呂，シャワーなどで首から下（背中以外）を洗える）
		④　更衣―上半身（上半身の更衣及び義肢装具の装着）
		⑤　更衣―下半身（下半身の更衣及び義肢装具の装着）
		⑥　トイレ動作（衣服の着脱，排泄後の清潔，生理用具の使用）
	排泄管理	⑦　排尿（排便コントロール）
		⑧　排便（排便コントロール）
	移乗	⑨　ベッド，椅子，車椅子（それぞれの移乗，起立動作含む）

運動項目	移乗	⑩	トイレ（便器への移乗，便器からの移乗）
		⑪	浴槽，シャワー（浴槽，シャワー室への移動）
	移動	⑫	歩行，車椅子（屋内での歩行，または車椅子移動）
		⑬	階段昇降（12 〜 14 段の昇降）
認知項目	コミュニケーション	⑭	理解
		⑮	表出
	社会的認知	⑯	社会的交流
		⑰	問題解決
		⑱	記憶

　ADL の項目は表 4 からもわかるように，どちらかというと高齢者の自立スキルを把握するものが中心となっています。しかしながら，この ADL にInstrumental（手段的）という内容が加味された IADL というものがあります。IADL には，電話を使用する能力，買い物，食事の準備，家事，洗濯，移動の形式，服薬管理，財産取り扱い能力などの項目が設定されており，ADL に比べ高次のライフスキルとなっています。

　しかしながら，ASD 者，それも高機能 ASD 者が成人期に社会で生きていくうえで必要なスキルに特化したものとはなっていません。

　よって，高機能 ASD 者に特化した，かつ具体的，実践的な就労上のアセスメントが必要になってきます。

　以上のような理由から高機能 ASD 者に有効な就労アセスメントは，ありきたりかもしれませんが「実際の企業で仕事をしている状況を観察して行うアセスメント」にならざるをえません。

　TTAP（Mesibov・Thomas・Chapman・Schopler, 2007）では，インフォーマルアセスメントで CSAW（Community Site Assessment Worksheet：地域での実習現場アセスメントワークシート）と呼ばれる実際の企業実習現場におけるアセ

スメントシートがあります。このシートでは，実習初日におけるハードスキル，ソフトスキルを4段階（合格，芽生え高，芽生え低，不合格）で評価し，その際に見出された課題に必要な構造化を行うことによって，実習最終日にはどのような変化，成長を遂げたかがわかりやすく示されます（表5参照）。

表5　IT企業で入力作業を行う状況におけるCSAWの職業スキル

名前	実習先	評価者	日時
サトウさん	ＩＴ企業	上司	20××年×月×日
	仕事の内容	評価結果	構造化のアイデア
	1．パソコンの電源を入れる	合格	
	2．エクセルを立ち上げる	合格	
	3．USBを挿入する	合格	
	4．USBのファイルから伝票ファイルを選択する	芽生え高	選択する伝票ファイルを文書で示す
	5．手元の伝票ファイルを確認する	芽生え低	
	6．手元の伝票ファイルのデータを入力する	合格	
	7．すべての伝票を入力したらUSBに名前を付けて保存する	芽生え低	sato1という名前で保存させる
	8．パソコンを終了し，USBファイルを取り出す	合格	

　CSAWは実際に実習を行う企業で行うアセスメントですが，家庭尺度，学校/事業所尺度，直接観察尺度といったフォーマルアセスメント終了後，どのようなスキルを獲得しているか，また現在十分ではないが指導によって獲得できるスキルはどのようなものがあるか等をまとめて，総合的に整理するアセスメントとしてCRS（Cumulative Record of Skills: スキルの累積記録）という

ものがあります。CRS は，現在の能力から実習が可能な職種や企業を検討する資料となります。CRS にもハード面とソフト面で評価されますが，フォーマルアセスメントに含まれていなかった移動能力や環境要因といった項目が追加されています。この2つのスキルは学校内や事業所内だけでの評価では把握することができません。実は，この環境要因の評価は ASD 者にとって極めて重要なのです。

　なぜなら，ASD 者は音や光，匂いなどの外部刺激に敏感（あるいは逆に鈍感）な場合が多く，とりわけ就労において職場環境は大きな影響因となるからです。CRS の環境要因のアセスメントの一部を表6に示します。

表6　環境要因（CRS におけるソフトスキル）

	日にち	合格	芽生え高	不合格	構造化
音に対する反応（聴覚刺激）	4月1日		思いがけない音や騒がしい音が聞こえると混乱するが小さい音は我慢できる		ノイズキャンセリングヘッドフォンを着用
視覚刺激に対する反応	4月2日		蛍光灯のちらつきが気になる		アーレンレンズサングラスを着用
温度や湿度	4月3日	○			暑いより寒い方が好き

　このように，TTAP は ASD 者の就労アセスメントとしては，従来の伝統的職業リハビリテーションとは異なり，ASD 者に特化したものとしては画期的なものとなっています。

　しかしながら，TTAP はあくまでも知的障害を伴う ASD 者のために作成されたアセスメントであり，ハードスキルに示される職種も清掃や倉庫管理，園芸など入門的なものが想定されているため，高機能 ASD 者に必ずしもマッチした職種とはいえません。

よって，高機能 ASD 者の企業実習では，知的障害を伴う ASD 者とも異なる視点でアセスメントを行うことが重要になってくるのです。

5 高機能ＡＳＤ者に必要なアセスメント

障害のある人への就労支援，いわゆる職業リハビリテーションサービスは支援機関によってさまざまです。

アメリカの NARIC（National Rehabilitation Information Center）によると，職業リハビリテーションサービスには，職業評価，職業トレーニング，スキルの向上，再教育，実地研修，キャリアカウンセリング，就職調査，そして障害のある人の仕事への適応や変更といった雇用主に対する合理的配慮の助言などが明記されています。

具体的には，アメリカ教育省の「特殊教育およびリハビリテーションサービス局」の RSA（リハビリテーションサービス管理：the Rehabilitation Services Administration）によると，職業カウンセリングと職業指導，職業トレーニング，移動支援，ジョブコーチング，（視覚障害者のための）文書読み上げ，（聴覚障害者のための）通訳，IT 機器支援，学校から就労への移行支援，企業や他の機関への紹介などが含まれています。

さて，まず障害のある人が就労支援機関を訪れたと考えると下記のような流れで就労支援が行われる場合があります。この図では，相談した後にアセスメントとなっています。しかし，実は最初の面接相談のところでもアセスメントは始まっているのです。

それどころか，この図の流れすべてにアセスメントは含まれていると言ってもいいでしょう。

図2　職業リハビリテーション（障害者の就労支援）の流れ

高機能 ASD 者の場合，支援機関で最初に行われる面接相談（職業カウンセリング）では，狭い意味での傾聴するだけというカウンセリングは避けなければなりません。

　高機能 ASD 者の場合，ただ話に耳を傾けるだけでは，とめどもなく話し続ける人がいたりするからです。

　それでは，どのような職業カウンセリングを行えばいいのでしょうか。

　数多くのアスペルガー症候群者の就労支援を行ってきたバーバラ・ビソネット氏によると，面接相談を行う際に，前もって尋ねるべき内容を箇条書きに文章で示し，それを読ませながらインテーク面接を行うことを推奨しています。アスペルガー症候群といっても ASD の一種なので，言葉による質問は十分に把握できていない可能性があります。しかし，多くの ASD 者は視覚優位な特性を所有しているため，文章を読むことによって質問の意味を理解することはできるのです。この最初の面接相談では，一般的な職業カウンセリング項目とは異なり，高機能 ASD 者の特性を確認するような質問項目が設定されています。

　このように高機能 ASD 者に特化した質問項目を設定し，得意なところや苦手なところ，職場で行ってほしい支援などを把握することは貴重なアセスメントといえます。

　ビソネット氏が提唱する面接相談における質問シートの例を表7に示します。

表7　高機能 ASD 者に特化した面接相談の内容

【職場環境におけるニーズ】
1．仕事を覚えるときにどのような指示ならわかりますか？
●言葉ではなく文字や図を使って教えてもらえると助かります。
（とりわけ，言葉で長く説明されると混乱してしまうので）
●必要に応じて，言葉ではない文字や図などを使って指示をしてもらえると助かります。
（自分で仕事の予定を立てることが難しいため，やることの順番について指示

をしてほしいです。）
- その他（　　　　　　　　　　　　　　　　　　　　　　　　　　　）
2．人とのかかわりはどのレベルであれば大丈夫ですか？
- 人とのかかわりが全くなく，１人で仕事ができる場を希望します。
- できるだけ人とのかかわりは最小限にしてほしいです。
- 人とのかかわりがあっても大丈夫ですが，大勢の人の中にいるのは疲れます。
- その他（　　　　　　　　　　　　　　　　　　　　　　　　　　　）

【自覚していること，あるいは（働いた経験がある場合）過去に同僚・上司から
指摘されたこと】
- 考えていることを思わず口にしてしまいます。
（わざとではないのですが相手を怒らせてしまうことがあります。）
- ほかの人の話に割って入ることがあります。
- 単調な口調で話す傾向があるといわれます。
- 声が大きすぎる，顔が近すぎるといわれます。
- 集団での会話はついていけません。

　以上のような項目をカウンセラーとともに読みながら（視覚的に確認しなが
ら），該当すると思う項目にチェックして（○をつけて）いくことで，高機能
ASD者も自分の意図を伝えやすく，カウンセラーも理解しやすくなります。

▶▶▶▶ ⑥ 高機能ＡＳＤ者のための職場実習アセスメントシート

　それでは，なぜ企業での現場実習が必要なのでしょうか。学校内や支援機関
内での作業訓練に基づく行動観察や様々な職業能力検査も大変価値があります。
しかしながら，学校や支援機関内での作業種目をいくら実際の企業と同じよう
な内容にしたとしてもより複雑な職務となったり，より速い作業スピードを要
求されることがあります。また，作業種だけではなく，支援機関と企業では環
境そのものが異なります。目に入ってくる視覚刺激，聞こえてくる聴覚刺激，
匂い，室温などの環境刺激はASD者に大きな影響を与えます。さらに，一般

の企業で働いている人たちは，必ずしも発達障害や ASD を知っているとは限りません。むしろほとんどいないと考えていいでしょう。そして，ASD 者の特性の一つに学習したスキルを実際の職場で般化・応用ができないということがあります。

一方で，実際の企業現場で実習体験を行うことにより，様々な職種の体験が可能となり，適切なジョブマッチングが検討できます。また，実習中に何か課題が生じた場合は，そこで支援を行うため，課題と支援が具体的に示されるため，構造化（合理的配慮）のアイデアが提供しやすくなります。そして何より，通勤途上の問題や昼休みの過ごし方，同僚・上司とのコミュニケーション，身だしなみなどのソフトスキルの課題が明確になります。このような課題を支援して改善できた結果をまとめることにより，一緒に働く同僚・上司に対象者との関わり方を説明する「サポートブック」にまとめることができます。

アスペルガー症候群の専門家であるオーストラリアのトニー・アトウッドも「彼らにとっては，職務よりも職場環境がはるかに大切である」と述べているように，様々な仕事，というよりも職場を体験することによって，そこで見いだされる課題やその課題に対する支援方法が明らかになってきます。

2016 年から 2018 年にかけて早稲田大学と東京障害者職業センターとで「アスペルガー症候群の就労支援」の共同研究を実施することに基づき勉強会を立ち上げました。従来とは異なった就労支援を行うべきであるという意味の "Employment Support Program for Individuals with Developmental Difference" の頭文字を取って ESPIDD と名付けられたその勉強会は，東京障害者職業センターのカウンセラーや早稲田大学の大学院生だけではなく，就労移行支援事業所，就業・生活支援センター，若者サポートステーション，特例子会社，厚生労働省などの人たちも参加し，ビソネット氏の本の内容をアレンジしながら職業相談のあり方や実習におけるアセスメント項目を検討しました。東京障害者職業センターには，センター内に常設された模擬的な就労場面での一定期間の作業体験を通じ，作業適性・職場環境への適応力等を把握し，基礎

体力の向上，通勤技能の体得，集団場面での適切な対人態度の体得等を図る「職業準備支援」という事業があります。この職業準備支援において実施されているアセスメントでは，①欠勤・遅刻をしない，②欠勤・遅刻の場合に連絡する，③職場のルール（明文化された規則・時間・安全衛生・情報セキュリティ・物品取扱等）を守る，④暗黙のルール（明文化されていないが職場の規範として存在）を守る，⑤自分で健康管理や疲労への対処ができる，⑥食事，移動等のマナーを守る，⑦休憩時間を適切に過ごす，⑧自分の持ち物を適当な場所で管理する，⑨周囲の人と協調して行動する，⑩作業への興味関心がある，⑪清潔な身なりができるなど，従来の職業リハビリテーションでは導入されていなかったソフトスキルの項目が随所に見られます。

　さらに，仕事を行う職業能力のアセスメントだけではなく，環境からの影響による「感覚・感情特性」，視線を合わせることができるか，グループディスカッションが可能かといった「対人・コミュニケーション」などの高機能 ASD 者の特性を考慮した評価項目も含まれています。東京障害者職業センターの職業準備支援事業で実施された「職場実習アセスメントシート」を表8（右図）に示します。

　このアセスメントシートでは評価を行うのがジョブコーチや障害者職業カウンセラーだけではなく，高機能 ASD 者本人も自己評価を行います。そして，自己評価ではできていると思った項目が就労支援専門家の評価と異なった場合，なぜ異なった視点となったかを話し合うことにより，他者からの評価を把握することができ，自己理解が高まったと報告されています（井口，2016）。

　また，就労移行支援事業所では，企業実習において，表9のように本人の自己評価と支援者であるジョブコーチ，そして企業担当者の3者でそれぞれの項目を評価することによって，本人の考える自己意識と周りの人たちから見られているイメージが異なることがわかり，職業センター同様自己認識が高まったという報告を受けました。

表8 職場実習アセスメントシート〔発達障害（ASD）者用〕

対象者氏名	（男・女）（ 歳）	実習場所			
障害・診断名		実習期間	年 月 日 ～ （ 年 月 日）		
手帳	有（ 級）・無	作成担当者	年 月 日（ 日作成）		

作業スキル		
作業内容		
適応評価		

【特記事項】特性（下欄）の影響、必要な支援や配慮等

---

2. 職場適応行動 ［自己評価／評価］【特記事項】特性（右欄）の影響や必要な支援や配慮等

①欠勤・遅刻をしない
②欠勤・遅刻の場合に連絡する
③職場のルール（明文化された慣習・暗黙の了解等）を守る
④規範的なルール（セキュリティ・物品管理等）を守る
⑤自分で体調管理や疲労への対処ができる
⑥食事、移動等のマナーを守る
⑦健康管理を適切に過ごす
⑧自分の持ち物を適当な場所で管理する
⑨周囲の人と協調して行動する
⑩休憩時間を適切に過ごす
⑪清潔な身なりができる

3. 作業適応行動 ［自己評価／評価］【特記事項】特性（右欄）の影響や必要な支援や配慮等

①集中して作業に取り組む
②終日コンスタントに堅実に作業に取り組む
③すばやく正確に作業を行う
④指示どおり作業をする
⑤指示やマニュアルを理解する
⑥指示がわからない時は適切なタイミングや頻度で質問する
⑦自分から作業に取り組む
⑧作業の報告・連絡・相談ができる
⑨自分で工夫して作業に取り組む
⑩作業の切り替えやルーチンに変化があっても対応できる
⑪指示に注意を素直に従う
⑫段取りに配慮し対応する

4. 対人行動 ［自己評価／評価］【特記事項】特性（右欄）の影響や必要な支援や配慮等

①挨拶、返事を適切に行う
②感想やニュースを適切に伝える
③他人を意識して行動する（話しかけられたときの方など、適切に応じかける）
④グループ活動に参加する
⑤丁寧な言葉を使う
⑥他人の迷惑になることはしない
⑦場に適した会話やリアクションに参加できる
⑧相手の意図や感情を適切に受け取ることができる
⑨会話での情報交換ができる
⑩会話でふさわしい会話ができる
上記以外で必要な項目（ ）

［観察／自覚］ A. 作業関係特性

a. 集中力がなくすぐに気が散ってしまう
b. 自分で判断してものごとを選択するのが難しい
c. 仕事をするのが遅い
d. 手先を使った細かい作業が苦手
e. 優先順位をどのようにつけてよいのかわからない
f. 次々とさまざまな仕事をするのが苦手
g. 仕事を中断されると集中するのが難しい
h. 同時並行でものごとを処理することが難しい
i. 時間の管理が難しい
j. 新しいことや未知の工程のある仕事は理解するのに時間がかかる
k. その他（ ）

［観察／自覚］ B. 感覚・感情特性

l. 音や光など周囲の動きなどによって集中力がなくなる
m. どのように対応してよいかわからない状況では衝動的に行動することがある
n. 感情のコントロールが難しく、フラストレーションや怒りがつのりやすい
o. 不安が強い
p. 感覚（視覚、聴覚等）により些細なことを処理することはかなり神経質になる
q. その他（ ）

［観察／自覚］ C. 対人・コミュニケーション特性

r. 人と目を合わせるのが苦手
s. 思っていることを口に出してしまう（無意識に人を責めるような）
t. 同種の質問が多いなど周囲の仕事の負担になるような行動がある
u. はじめての人に会うのが苦手
v. はっきりと話すのが苦手
w. グループディスカッションは苦手
x. 文字により言葉を理解することや指示されたことができないことがある
y. 言葉（口頭）による情報を処理するのは苦手
z. その他（ ）

【所見】セールスポイント、合理的配慮の留意点等

【自己評価】【評価】◎よくできる（セールスポイントになる）○できる・ほぼできる（このままで就労に支障なし）△ある程度できる（支援や配慮があれば概ねできる）×できない（指導が必要）一部しない

【自覚】【観察】■該当する ▲（該当することまではいえないが）やや苦手

表9　就労移行支援事業所における職場実習アセスメントシート

職場適応行動	自己評価	ジョブコーチ	企業担当者
① 欠勤・遅刻をしない	◎	○	○
② 欠勤・遅刻の場合は連絡する	◎	○	○
③ 職場のルールを守る	◎	△	△
職場適応行動	自己評価	ジョブコーチ	企業担当者
① 集中して作業に取り組む	◎	△	○
② 指示やマニュアルを理解する	◎	○	○
対人行動	自己評価	ジョブコーチ	企業担当者
① 他者を意識して行動する	◎	×	△
② グループ活動に参加する	◎	△	△
③ 他人の迷惑になることはしない	◎	△	△
④ 場にふさわしい会話ができる	◎	×	×

　このような企業実習（模擬的場面も含む）におけるアセスメントでは，コミュニケーションや対人関係，身だしなみ，時間順守，環境の影響など，高機能ASD者が就労する上で，今まで経験してきた失敗やトラブルを確認することができ，本人－支援者間の共通認識を図ることができます。

　そして何より，この仕事ならできる，この仕事をやってみたいというニーズアセスメントにもなりえるのです。

　実際に米国ノースカロライナ大学における TEACCH Autism Program では，高機能 ASD 生徒・学生の学校から就労への移行のためのプログラムとして T-STEP が開発されており，そこでは BWAP2 という職場適応アセスメントが使用されています。

　BWAP2 は，高機能 ASD 者が体験，実習，実際の就職先等で働いている様子を支援者がハード面，ソフト面で観察してチェックするアセスメントです。この場合の支援者とは，職場の同僚・上司，ジョブコーチ，教員，支援員等実

際の仕事の様子を確認できる人たちになります。BWAP2の特徴はソフトスキルの項目が多数導入されていることであり，アセスメントの領域が表10のように4領域に分かれています。

表10　BWAP2における4領域

1.　仕事の習慣・態度の領域（HA: Work Habit/Attitude）
2.　対人関係の領域（IR: Interpersonal Relationship）
3.　認知スキルの領域（CO: COgnitive skills）
4.　仕事の遂行能力の領域（WP: Work Performance）

　アセスメントは他者からの援助なしで活動が完遂できるという基準を考慮して，それぞれの項目を0点から4点までの5段階で評価します。援助を受けて完了した項目は，活動の一部が完遂できたものとみなされます。各項目の採点には，その活動を最も適格に表している項目の数字に丸を付けます。

　その活動を行う機会があっても全くできない場合（不合格）は0点。

　その活動を行ってもうまくできない，あるいは満足できる結果を示さない場合（芽ばえ低）は1点。

　何とか満足のできる結果を示すものの，さらに改善点が必要な場合（芽ばえ高）は2点。

　その活動を行うことができ，結果として満足できる内容となった場合（合格）は3点です。そして，その活動をとても上手に達成でき，結果として高レベルの満足が与えられた場合（ストレングス：推薦できるところ）は4点になります。

　それぞれの得点を合計し，「知的障害尺度」「学習障害尺度」「情緒障害尺度」「身体障害尺度」の換算表によってそれぞれの領域ごとのTスコア（偏差値）が導き出されます。

　ある大学の理工系学部を卒業した高機能ASD者にBWAP2を実施した事例を紹介します。小学校は公立でしたが，中学から大学附属中学に入学し，そのまま高校・大学へと進学しました。子どものころから成績が良かったものの，

友達は少なくゲームが好きでした。大学に入ってから授業をうまく選択できず，必須と選択の科目を間違えてしまうことがありました。4年生になり，就職活動がうまくいかず，とりあえず大学の紹介でIT関係の企業でインターン体験を行うことになりました。BWAP2の前にWAIS成人知能検査を行ったところFSIQ128と極めて高い数値が示されました。この高機能ASD者のBWAP2プロフィールを図3に示します。

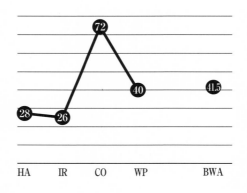

図3　理工系学部を卒業した高機能ASD者のBWAP2プロフィール

　図3に示されているように，認知スキル（CO）はTスコア（偏差値）72と極めて高く，この能力のみから判断すると一般就労は可能な範囲に属しています。

　しかしながら，仕事の習慣／態度（HA）の領域や対人関係（IR）の領域は極めて低く，この28，26といったTスコアはBWAP2の職業レベルではデイケアレベルとなっています。

　仕事の遂行力（WP）はやや高いものの作業所レベルというランクに属しているため，総合的職業適応力（BWA）はTスコア41.5と一般就労レベルどころか移行レベルにも達していない状況です。

　高機能ASD者の中にはIT機器が得意な場合が多く，仕事そのものの能力は高い場合があります。しかしながら，対人関係や日常生活がうまくいかず，

それが結果的に仕事に影響してしまう場合がありました。BWAP2 の結果から仕事上のつまずきが主に日常生活と対人関係の領域であることが分かり，下位項目から具体的な活動を把握できたため，高機能 ASD 者の特性を考慮に入れた支援の必要性が見出されました。

よって，支援内容として知的には高いものの，口頭によるコミュニケーションが苦手であるため，仕事の指示はメールでの指示へ変更してもらいました。また，身だしなみなど日常生活スキルが不十分なので，仕事に必要な服装モデルを写真等で示し，模倣を行うことによって対応できるようになりました。

▶▶▶▶ ⑦ 高機能ＡＳＤ者の職場における合理的配慮

いくつかの企業で実習を終え，高機能 ASD 者本人と就労支援者（職業カウンセラーやジョブコーチ，ハローワーク職員），企業担当者とミーティングを行うわけですが，ここで大切なのは適切な仕事のマッチングになります。このマッチングでは職種や職務のマッチングも大切ですが，それよりもお互いのニーズマッチングが重要なポイントになります。

なぜなら，高機能 ASD 者の場合就職の難しさもありますが，それ以上にいったん就職しても離職をする人が多いからです。

表 11 に発達障害の人の離職理由を示します。

表 11　発達障害者の離職理由（梅永，2005 改編）

1. 簡単な作業が出来なかった
2. 自分の能力では手に負えなかった
3. 仕事の技術面で追いつかなかった
4. 仕事をするのが遅いので向かなかった
5. 人より時間がかかった
6. 仕事のレベルアップができなかった
7. 自分に合わない仕事だった

8. 自分のペースで働けなかった

9. 仕事がつまらなかった

10. ストレスと体力的に続かなかった

11. 期待に応えようと頑張ったが疲れた

12. 人間関係で問題を抱えた

13. 雇用主に自分の障害を理解してもらえなかった

14. 普通の人の感覚を身につけさせようとされ精神的なダメージを受けた

15. 「障害など関係ない，努力してなおせ」と言われ重圧になった

16. 会社でいじめを受けた

17. 人間関係のややこしさにパニックを引き起こした

18. いじめにあったり，無視されたりした

　表11の離職理由の中で，1～7までは仕事そのものができないことが理由になっていますが，8～11は仕事ができないというよりは，適切な仕事のマッチングがなされなかったことが原因だと考えられます。そして，12～18は職場の人間関係がうまくいかなかったことが離職要因となっています。

　ESPIDDの面接シートでも示されているように，彼らにとっての就労は仕事そのものよりも職場環境が大切になります。職場の同僚・上司の理解を含めた職場環境を彼らにどのように配慮するかが職場定着の大きなポイントと言えるでしょう。

　2019年10月にNHKBSで放映された「国際報道」によると，米国ニューヨークでCG（コンピューターグラフィック）の仕事をしている高機能ASD者のニッキー・ベンワーさんは，CG技術者としては高い技術を持っているものの，一つの作業が終わったことを上司にうまく伝えることができませんでした。そこで，上司がプログラムを作成し，言葉によらない作業終了の伝達スキルの指導を行いました。また，昼食時間が不規則な業界であるにもかかわらず，ニッキーさんだけは必ず12時に昼食が取れるように配慮されていました。

このように高機能 ASD 者の特性に応じた職場の環境設定（構造化）を行ってもらえるかどうかが，その後の職場定着へつながるのです。そして，企業にこのようなアドバイスを行うのが就労支援の専門家の役割になります。

　多くの当事者の人たちから，就労支援機関に行っても「企業では構造化などできない」「あなただけ特別扱いはできない」「他の従業員もみんな同じような環境でも我慢して仕事をしている」というような厳しいことを言われたとの報告を受けるたび，就労支援の世界の専門性の必要性を痛感します。

　我が国も 2014 年に「障害者の権利条約」を批准しており，2016 年「障害を理由とする差別の解消の推進に関する法律」が施行されています。障害者権利条約の第 2 条には，「『障害に基づく差別』とは，障害に基づくあらゆる区別，排除又は制限であって，政治的，経済的，社会的，文化的，市民的その他のあらゆる分野において，他の者との平等を基礎として全ての人権及び基本的自由を認識し，享有し，又は行使することを害し，又は妨げる目的又は効果を有するものをいう。障害に基づく差別には，あらゆる形態の差別（合理的配慮の否定を含む。）を含む」とされており，その「合理的配慮」とは，「障害者が他の者との平等を基礎として全ての人権及び基本的自由を享有し，又は行使することを確保するための必要かつ適当な変更及び調整」と明記されているように，高機能 ASD 者に対して構造化を行わないことは，ある意味メガネをかけている人に「外しなさい」，車いすの人に「立って歩きなさい」と言っていることと同じなのです。ただ，高機能 ASD 者は視覚障害者や肢体不自由者のように，必要な支援ツールが明確でないため，本人のニーズをベースにきちんと把握することが就労におけるニーズアセスメントとして大きな役割を果たすことになります。

▶▶▶▶ 8　高機能ＡＳＤ者に合った職種

　高機能 ASD 当事者であり，動物学者でもあるコロラド州立大学のテンプル・グランディン教授によると，ASD 者に最適な仕事として表 12 のような職種が挙げられています。

表 12　高機能 ASD 者にマッチした職種

```
● 航空機整備士
● 芸術家
● 大学教員
● コンピューター・プログラマー
● 製図
● 起業家
● 財務会計・記録管理
● グラフィックアートのデザイン
● 冷暖房・換気・空調技術者
● 情報機器の修理
● 学習に関するスペシャリスト
● 図書館職員
● 印刷業
● 生物学・医学分野の研究科学者
● 通訳／翻訳
● 獣医助手とベテリナリー・テクニシャン
```

「アスペルガー症候群・高機能自閉症の人のハローワーク」（明石書店）より

　表12 を見るとかなりハイスペックなレベルから職人的なものまで広範囲に
わたっていますが，どちらかというとあまり人と接触することが少ない職種だ
と考えられます。

　中でもプログラマーなどの IT 技術者はアスペルガー症候群の適職として
様々なところで報告されていますが，すべての高機能 ASD 者がそのような能
力を持ち合わせているわけではありません。

　実は職種のマッチングも大切ですが，先に述べたように，職種を検討する
以上に職場環境がどのように合理的配慮をされているかを把握することが高機
能 ASD 者の就労支援には必要なのです。

ある住宅メーカーで，素晴らしい業績をあげている鈴木さん（仮名）という営業担当者がいます。鈴木さんは ASD の診断を受けているわけではありませんが，成育歴や現在の状況を伺う限りかなり強い ASD の特性が認められます。小・中学校時代は友だちとコミュニケーションが通じず，いじめにあっていたそうです。趣味は住宅展示場に行くこと，そこでもらってきたパンフレットを延々と見続けること，ネットで住宅に関連する用語を覚えることなどであり，その成果が実ったのか見事住宅販売会社に就職できました。

　最初の 1 年は，同僚・上司とのやりとりがうまくできませんでした。それだけではなく，上司と営業に行った際に，顧客に対して住宅のマイナス面も正直に答えてしまうため，最初は上司に叱られ続けたそうです。ところが，住宅に関する知識は極めて高く，営業では，住宅を購入しようする顧客の質問にすべて答えることができ，嘘偽りがないため，高齢の住宅購入者にとても信頼されるようになりました。そのような顧客の人づてで評価が高まり，「鈴木さんなら安心」だと営業成績がトップになりました。

　一般に ASD 者は，営業など人とのかかわりがある仕事は不向きだと言われますが，それを否定するつもりはありません。ただ，この住宅販売会社のケースでは，鈴木さんの真面目で勉強熱心な特性を評価し，親身になって可愛がってくれた上司の存在も大きかったのではないかと思います。

　よって，Job Matching や Placement（職業紹介，職場配置）を考える際に，職場環境，とりわけ同僚・上司の受入れ体制をきちんと見定め（アセスメント），同僚・上司に対する高機能 ASD 者の理解・啓発を図ることが重要な支援となるのです。

▶▶▶▶ ⑨ 高機能ＡＳＤ者のための職場定着支援

　就職を目指している知的障害高等特別支援学校の卒業生も，就職後 1 年，2 年と時が経つにつれ離職者が増えてきています。また，日本学生支援機構によると，大学に在籍している発達障害学生も 1 年以内の離職率は 3 割を超えてい

て，就職後の定着の難しさが指摘されています。

　とりわけアスペルガー症候群のような高機能 ASD 者は，同僚・上司の異動や転勤，職務内容の変更などの環境の変化に適応することが困難なため，不安が生じやすくなります。このような不安を少しでも軽減するためには，支援者が前もって見通しを持たせるような予防就労支援を行うことが必要になります。

　就職後のフォローアップは，我が国では職場定着支援とか職場適応指導などと呼ばれていますが，2018 年 4 月の「障害者総合支援法」の改正に伴い，新たに「就労定着支援事業所」が創設されました。基本的に，就労移行支援事業所や就労継続支援事業所 A 型・B 型，生活介護事業所，自立訓練事業所を経由して就職した人たちが対象となっており，定着支援の内容が「生活リズムや体調の管理や家計など，就労に伴い生じている生活面の課題を把握すること。」となっており，生活面というソフトスキルの支援が含まれていることは注目に値します。

　高機能 ASD 者に対する職場定着支援においても，やはりソフトスキルに絞った課題をきちんとクリアできているかどうかを確認することが必要となります。ESPIDD の職場定着支援において，東京障害者職業センターでは表 13 のようなチェックポイントシートを作成しています。

表 13　職場定着におけるチェックポイント

視点	チェックポイント（例）
勤務・ルール	○遅刻や無断欠勤がない △職場のルールに関することで問題は生じていない △身だしなみは適切
職務遂行	△指示を理解して指示通り遂行している ○ミスが多くなることはない ○集中力・注意力の不足や疲れやすさはない △苦手な仕事で困っていない

コミュニケーション・人間関係	△挨拶や意思表示が適切にできている ○報告・連絡・相談が適切にできている ×対人マナーや言動は適切 ×会話において相手の意図や感情を理解できている
適応行動	△感覚過敏によるストレスや負担はない ×生活管理や健康管理ができている △昼休みに適切に過ごしている
自己理解	×自己評価と現実に大きな乖離はない △上司からの指導を受け入れている △ストレスや不安による特異な反応はない

（東京障害者職業センターにおける職場定着支援チェックポイントを改変）

　チェックポイント項目は，対象者の能力特性や企業の環境との相互作用によって付け加えたり，あるいは必要のないところはカットしてもいいと思いますが，職業リハビリテーションの流れを考えると，BWAP2などのアセスメントで見出された項目を職場定着支援においても確認することが望まれます。なぜなら，対象者の合理的配慮，いわゆる構造化のアイデアの効果検証ができるため，企業の担当者へのサポートブックとしても有効に利用することができるからです。

　ただ，高機能ASD者といっても一人ひとりその特性や働く企業の文化も異なるので，オーダーメイドの職業リハビリテーションサービスを提供していく必要があるでしょう。

▶▶▶▶ 10 もう一つの発達障害 ──知的ボーダーライン

　発達障害者支援法における発達障害とは，「自閉症，アスペルガー症候群その他の広汎性発達障害，学習障害，注意欠陥多動性障害その他これに類する脳機能の障害であってその症状が通常低年齢において発現するものとして政令で

定めるもの」とされています（2005年4月）。いわゆる（S）LD, ADHD, ASDの3種ですね。

　これらに次ぐ第4の発達障害として，DCD（発達性協調運動障害：Developmental Coordination Disorder）が医療や感覚統合の領域で注目を集めており，2017年には日本DCD学会も設立されました。DCDは（S）LDの下位分類であるDyslexia（読字障害）やDysgraphia（書字障害）と並んでDyspraxia（統合運動障害）という表現もなされています。このDCDに関連する障害としてスウェーデンのギルバーグ博士はDAMP症候群（Deficits in Attention, Motor control and Perception）というADHDとDCDの特性が同時に見られる症候群のことも報告されています（田中，2003）。このDAMP症候群はADHDとDCDが重複しているにもかかわらず，ギルバーグ博士によるとASDの連続体上に位置し，ASDにより社会的相互作用に困難性を示す人は，たいてい運動制御と注意力に困難性を抱えているとのことです。

　以上の4障害の他に，アメリカの精神疾患の診断・統計マニュアル，いわゆるDSM-5における「神経発達症群」にはID（Intellectual Disability：知的能力障害），CD（Communication Disorders：コミュニケーション症）なども含まれています。さらに，最近話題のHSP（Highly Sensitive Person：感覚処理感受性の強い人）も視覚刺激や聴覚刺激に敏感なので，ASDと多くの部分で重なるところもあります。

　また，児童精神科医の杉山登志郎先生は「子ども虐待という第四の発達障害」（学研プラス）の中で，虐待された子どもたちに自閉症と同じような症状を所持していることがあると述べられています。

　私はこれらとは別に，第4の発達障害として臨床的に（知的）ボーダーラインの人たちの支援の難しさを痛感しています。ASDに絞って言うと，以前はIQ70以上の人たちのことを高機能自閉症という専門家がいましたが，これには疑問を感じます。また，（S)LDの人の中には知能検査を行うとボーダーラインに該当する人たちが多いのも周知の事実です。

　ボーダーラインとは，IQ70～79とか70～85など文献によって様々ですが，

要は療育手帳が取れれば知的障害者としての支援を受けることができます。しかしながら，ボーダーラインの人の多くは療育手帳を取得していません。よって，通常の小中高校を卒業し，中には大学に進学する人も数多く存在します。ところが高校・大学を卒業後に就職する際，履歴書やエントリーシートを書くのが困難，面接にうまく受け答えができない，就職したとしても仕事にミスが多い，対人関係をうまくこなせないなどによって多くの離職者が出ています。

　米国ノースカロライナ大学で開発された TEACCH Autism Program では，近年 ASD を知的レベルで図4のように3分類しています。これは従来の2分類だけでは支援が難しいからだと考えます。

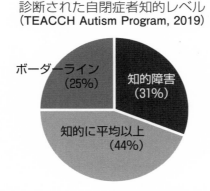

診断された自閉症者知的レベル
(TEACCH Autism Program, 2019)

図4　TEACCH Autism Program における ASD 者の3分類の知的レベル

　とりわけ我が国においては，少子化の影響もありボーダーラインの人たちは通常の高校・大学へ進学する人が増えていますが，残念ながら特別支援キャリア教育を受ける機会が少ないため，学校から就労へのスムーズな移行が図られていない現状です。

　以上のような理由から，私はボーダーラインの人たちを第4の発達障害として支援対象者に含めてもらえればと考えています。

第2章

高機能自閉症児に
必要な教育

第1章では，高機能 ASD 者の成人期に生じる可能性のある課題について説明してきました。それでは，成人期に自立，就労する上で小さい時からどのような教育を行っていけばいいのでしょうか。

　米国では1990年代に少年非行が増加し，人格教育や道徳教育を意味する「Caracter Education（キャラクター・エデュケーション）」という考えが発展してきました（町田，2012）。キャラクター・エデュケーションとは，創始者 Licona（1993）によると，もともとのキリスト教からきているものであり，「子どもたちを良い子にし，子どもたちが良くなることを助ける働きをするものである。良い行動とはどのようなものか，良い人になるとは具体的にどのようなことを指すのか，良い行動を実際にどのように実行すればよいかを子どもたちが理解するのを助け，その実行に関わらせ，自分自身の生活を良い方に導くように援助していく教育」であるとされています。

　高機能 ASD 者の場合，メタ認知の弱さから他者の気持ちを想像することの困難性があり，そのため常識がないとか，わがままだと思われてしまいがちです。知的には高いものの成人社会にうまく適応できないということであれば，従来型のアカデミックスキルの教育だけではなく，成人になって社会で必要となるスキルを子どもの時から教えておけばよいのです。医学に予防医学というものがあります。予防医学では，一次予防として「健康増進」があります。健康な時期に病気の予防を意識することで，健康診断や予防接種を受けること，食事の内容に気を遣い，メタボリックシンドロームを予防することが含まれます。二次予防は，早期発見・早期治療です。病気を早期発見して適切な治療を受け，重篤化を防ぐことになります。三次予防がリハビリテーションです。既に発症した病気の再発を防ぐことをいいます。高機能 ASD 児に限らず，発達障害児教育には予防医学の二次予防を考えるとわかりやすいと思います。

　まずは，早期に診断されることにより，発達障害児に合った適切な教育を受けることで，その後に発生する可能性のある問題を軽減させることができます。

　発達障害については，文部科学省が2002年と2012年の2度，全国の小中学校に対して「通常の学級に在籍する発達障害の可能性のある特別な教育的支援を必要とする児童生徒に関する調査」を行っています。2002年度は全国5地域370校でしたが，2012年度の調査では，全国の小・中学校（岩手，宮城，福島を除く）1,164校，合計52,272人について回答が得られました。その結果，知的発達に遅れはないものの学習面，行動面で著しい困難を示すとされた児童生徒は6.5%存在し（重複を含む），学習面で著しい困難を示すいわゆるLDと思われる者4.5%（現在はSLD），「不注意」又は「多動性－衝動性」の問題を著しく示すADHDと考えられる者3.1%，「対人関係やこだわり等」の問題を著しく示す高機能ASDは1.1%と報告されています（文部科学省，2012）。

　この調査では，LDが最も多いということになっています。しかしながら，そのLD親の会が2017年に行った「教育から就業への移行実態調査報告書Ⅳ」によると，診断・判定の状況はLD19.9%，ADHD16.9%に対し，ASD70%と圧倒的にASDが占めています（特定非営利活動法人全国LD親の会，2017）。

　他の報告でも日本学生支援機構における「2019年度大学，短期大学及び高等専門学校における障害のある学生の修学支援に関する実態調査結果報告書」ではASDが64%（重複を含めると70%）と最も多く（ADHD32%，LD3.9%），高齢・障害・求職者雇用支援機構の「発達障害者の職業生活への満足度と職場の実態に関する調査研究」では，ASDの割合は85.7%（ADHD13.7%，LD14.8%，重複あり）と圧倒的にASDとなっています（独立行政法人高齢・障害・求職者雇用支援機構，2015）。

　そして，ハローワークに新規登録した発達障害者の調査においても，自閉症・アスペルガー症候群・広汎性発達障害（ASD）が68.6%と最も多く，次いで注意欠如・多動性障害（ADHD）が26.7%，学習障害（LD）が1.6%，その他の発達障害が1.9%，不明が8.6%となっています（独立行政法人高齢・障害・求職者雇用支援機構，2020）。

これは何を示しているのでしょうか。

　実は，学校教育における発達障害児の問題と成人期になってから就職という状況における課題が異なるからなのではないかと考えられます。LD児は基本的に読み，書き，計算等に困難を示す学習上の問題であるため，学校教育では国語や算数（数学）といった教科において困難を示します。しかしながら，読み書き計算ができないということと就職するための能力は必ずしも一致するわけではないようです。事実，江戸時代の魚屋さんや大工さんは武家ほどの識字率はありませんでしたし，現在でも開発途上国の中には識字率15％という国もあります。それでも，何らかの仕事に従事しています。つまり，就労というのは仕事と求職者のマッチングなので，学習面が困難であっても読み，書き，計算が必要とされない職種であれば就職および定着している人も多いのではないかと考えられるのです。

　筆者の相談者の一人に佐藤さん（仮名）というLDの方がいらっしゃいました。現在，佐藤さんはトラックの運転手をされています。自動車運転免許を取る際に学科試験でかなり苦労されましたが，耳から学習する「読み聞かせ」によって何とか学科試験をクリアすることができました。その佐藤さんが先日表彰されました。トラックの運転手をされて25年間，無事故無違反だったとのことです。現在佐藤さんは40代後半になりましたが，いまだに文字を読むのは苦手です。ただ，「立入禁止」や「危険」などの漢字は職場でよく目にするので理解しているとのことです。

　このように単に読み，書き，計算が苦手だという場合は，職種のマッチングにより，それほど大きな問題にはなっていないことがあります。

　しかしながら，ASDが就労の年代になるとどの調査においても圧倒的な割合を占めるのは，コミュニケーションや対人関係，環境要因などソフトスキルと言われている仕事の能力以外の要因が就労を困難にしているからなのです。

　よって，医療や教育の領域ではともかく，就労支援を考える際には発達障害とひとくくりにするのではなく，ASD，それも通常の学校に絞って課題を整理し，支援策を検討する必要があるものと考えます。

ASD の中でもアスペルガー症候群のような高機能 ASD 児の場合は（知的障害児や肢体不自由児のように特別支援学校や特別支援学級に進学することは少なく），通常の小・中学校，高校，人によっては大学や大学院まで進学する人たちがいます。知的に問題はないため，学校の勉強にはついていけます。しかし，高校・大学を卒業後の就職がうまくいっていないのは，Muller らが述べているように，履歴書やエントリーシートがうまく書けない，就職面接がうまくできないといった「就職活動のプロセスの問題」，新しい仕事を覚えるのに時間がかかるといった「新しい仕事への適応の問題」，行間が読めないといった職場の同僚・上司との「コミュニケーションの問題」，他者の気持ちを推し量るといった「社会的かかわり方の問題」などが挙げられています（Muller・Shuler・Burton・Yates, 2003）。

　このような問題は，知的に高くても ASD の人たちはその障害特性ゆえにうまく対処できていません。ただ，このような様々な問題も就職前にきちんと学習しておけば困難性を軽減することはできます。つまり，学校在学中にキャリア教育を行っておくことはとても大切かつ必要なことなのです。

　小さい時から大人になったときの状況の見通しを持たせ，いろんな仕事があり，それらの仕事を行うためにはそれぞれの仕事に必要なスキルが求められることを教えておくのです。小学校の段階では，夢を持たせるような仕事でもいいでしょう。いろんな仕事があることを「お仕事図鑑」などの本や DVD などを使って紹介し，校外学習で見学するのもいいでしょう。できれば，インターンシップなどを通して，いろんな仕事を体験することを勧めます。

　中学校になると，インターンシップと並行し，やや現実的に様々な仕事に必要な資格や能力の必要性も伝えます。高校・大学では，就職活動に必要なスキル（たとえば，履歴書やエントリーシートの書き方，就職面接の受け方）などをロールプレイで指導すること，そしていくつかの企業で職場実習の体験をすることも効果的です。実際の仕事を体験することにより，その仕事ができるか

どうかといった職業能力だけではなく，その仕事が好き，楽しい，やってみたいといったニーズアセスメントができるからです。

　就職というのは単にその仕事ができるからその仕事に就くというものではありません。仕事に対する価値観が大切ですし，その仕事に対するやりがいを感じる必要もあります。そのためには，実行機能が弱いと言われている ASD 児者に学校卒業後の成人生活の見通しをもたせるような教育を小学校の段階から行うことにより成人期へのスムーズな移行が可能となるのです。

❸ 高機能ＡＳＤ児童生徒へのキャリア教育に必要なライフスキルの獲得

　さて，学校教育段階でいろいろな仕事を知るというのはキャリア教育においてとても有効です。

　もう一つ注意しておかなければならないことは，大人になって日常的に生じる生活でトラブルを生じないためのスキルを獲得しておくことです。

　これは「ライフスキル」というものです。

　ライフスキルは国連の WHO が，1994 年に学校でのライフスキル教育として定義しています。その内容は，「ライフスキルとは，日常生活で生じるさまざまな問題や要求に対して，建設的かつ効果的に対処するために必要な能力である。」（WHO：Life Skills Education in Schools, 1994）というもので，具体的な 10 項目が示されていますが，その項目は表 14 の通りです。

表 14　国連定義におけるライフスキル

1. 自己認識スキル
2. 共感性のスキル
3. 効果的コミュニケーションスキル
4. 対人関係スキル
5. 意思決定スキル
6. 問題解決スキル
7. 創造的思考ができるスキル

8. 批判的思考スキル

9. 感情対処スキル

10. ストレス対処スキル

　これらのスキルは獲得できればとても素晴らしいスキルですが，対人関係やコミュニケーション，問題解決，感情対処などに困難性を示す高機能 ASD 者には容易なことではありません。

　よって，彼らにとって必要なライフスキルを検討しなおす必要があるものと考えます。ライフスキルという名称ではありませんが，知的障害児者や発達障害児者のライフスキルに関連する項目を評価するアセスメントツールがいくつかあります。先に述べた S-M 社会生活能力調査票，Vineland- Ⅱ，ADL（日常生活動作）と IADL などの項目は学力よりも地域で生きていくための日常生活や社会生活の項目が中心となっています。

　以上の他に地域障害者職業センターにおける知的障害者の重度判定に使用されているライフスキルのアセスメントとして表 15 のような意思の表示と交換（コミュニケーション）能力，移動能力，日常生活能力の 3 領域に絞られた「社会生活能力調査票」などがあります。

表 15　地域障害者職業センターで用いられる社会生活能力調査票

【意思の表示と交換能力】
1. 自分の要求などを身振り手振りや簡単な言葉で表現することができる
2. 自分の姓名が言える
3. 自分の住んでいる場所や家族の名前が言える
4. 日常の会話ができる
5. 自分で見たり聞いたり，したいことを話すことができる
6. 伝言ができる
7. 字が書ける
8. 字が読める

9. ラジオを聴いたり，テレビを見たりして，大体理解できる

10. 手紙を書くことができる

【移動能力】

　1. ひとりで外出することができる

　2. 特定の場所まで，往復することができる

　3. 乗り物を一人で利用することができる

　4. 他人に道を聞きながら目的地に行ける

　5. 地図（略図）を見ながら目的地に行ける

【日常生活の能力】

　1. 自分のものと他人のものとを区別して扱える

　2. 時間の観念をもって行動する

　3. 家の仕事の手伝いをすすんでする

　4. 留守番ができる

　5. 簡単な電気器具が使える

　6. 使い走りができる

　7. 電話がかけられる

　8. 大きな事件などのニュースに関心を持つ

表15からもわかるように，知的障害者が対象であるためベーシックな生活スキルが中心となっています。

 ４　ＴＴＡＰとＢＷＡＰ２によるライフスキルアセスメント

　ASD に特化したアセスメントとして，先に紹介した TTAP と BWAP2 にも様々なライフスキルの項目が導入されています。

　TTAP（TEACCH Transition Assessment Profile）は，知的障害を伴う ASD 生徒を対象とした学校から成人生活への移行のためのアセスメントです。TTAP では，「家庭尺度」，「学校 / 事業所尺度」，「直接観察尺度」からなるフォーマルアセスメントと今まで獲得してきたスキルを整理する CRS（Cumulative Record of Skills：スキルの累積記録）と実際の企業実習で把握される CSAW

（Community Site Assessment Worksheet：企業におけるアセスメントワークシート）のインフォーマルアセスメントがあります。フォーマルアセスメントおよびインフォーマルアセスメントの双方にソフトスキル領域の「職業行動」「自立機能」「余暇活動」「機能的コミュニケーション」「対人行動」の5領域が設定されており，インフォーマルアセスメントではさらに「移動能力」と「環境要因」が追加されています。

ソフトスキルという用語は職業リハビリテーションの専門用語ですが，内容は小さい時から家庭や学校で身につけてきたライフスキルと重なるものが多く含まれています。

TTAPは知的障害を伴うASD生徒のアセスメントですが，「機能的コミュニケーション」の中には「禁止に応じる」「終わりと言われたら活動を止める」や「対人行動」領域には「作業中に自制心を持つ」「かんしゃくを制御し，不満を建設的に表明する」など高機能ASD者においても獲得が難しい下位項目が導入されています。

5 大人になって必要なライフスキル

成人した高機能ASD者の就労が定着できない理由は，仕事そのものができないというよりも対人関係や日常生活スキルなどのソフトスキルの問題がメインとなっています（Taylor・Seltzer, 2011）。

そのソフトスキルのベースとなる，小さい時から身につけておけばよい（あるいはよかった）ライフスキルは，S-M社会生活能力調査票やVineland Ⅱなどで行うアセスメントも有効ですが，もう少し視点を変えて大人になった段階の日常生活から必要なライフスキルを検討していくとわかりやすいものと思います。

もし，高機能ASDの人が高校や大学等を卒業し就職したと考えてみます。その際，親もとを離れて生活すると，今までとは違って自分で行わなければならない活動（ライフスキル）が明確になります。このライフスキルは，移動スキルなど地域によっても異なるし，対象となる高機能ASD者の年齢や能力，

家庭環境などによっても変化するので，個別になります。

　よって，個別のライフスキルチェックリスト ILSP（Individualized Life Skills Plan）を作成する必要があります。

　以下に，一つの事例を紹介しましょう。

（1）日々のライフスキルチェック

　もし，親もとを離れて一人で生活するとなると，最初から一戸建ての家で生活することは少ないでしょう。寮に入る人もいるかもしれませんが，とりあえずアパートで独り暮らしをするといった状況を考えてみます。1日の活動を考えると，まず「朝決まった時間に自分で起きる」というスキルが必要です。「起きたら顔を洗う」，男性の場合は「髭を剃る」，女性の場合は「化粧をする」ことも必要です。また，男女とも「髪をセットする」，「朝食を取る」，自炊している場合は調理をする場合もあるでしょうが，コンビニでおにぎりやサンドイッチを買ったり，カフェなどで朝食をとる人もいるでしょう。朝食を取ったら「歯を磨く」，仕事に必要な「適切な服に着替える（靴，靴下も含む）」，泥棒が入らないように「家に鍵をかける」，職場に行くために，「乗り物を利用する（車の場合は運転ができる）」といったライフスキルが必要になります。そして，家を出たら「遅刻せずに職場に到着する」，職場では「タイムカードを押す」ことが必要な場合もあるかもしれません。場合によっては，制服や作業着になど「職場用の衣服に着替える」こともあるでしょう。そして，同僚・上司に「おはようございますの挨拶をする」。9時から12時までがハードスキルの時間だとすると，お昼休みはソフトスキルの時間です。お昼は当然「昼食を取る」，昼食後に「適切な休憩をする」。そして，また13時から17時までがハードスキルの時間です。仕事が終わった後は「タイムカードを押す」，私服に「着替える」，時に応じて「残業する」。仕事が終わった後に，同僚・上司に「失礼しますの挨拶をする」。一人暮らしをしているので，食生活を考えると「スーパーやコンビニで買い物をする」。そのためにはお金が必要になるので，「ATMを利用する」「電子マネーを使う」。新型コロナ，インフルエンザなどを予防する

ために，帰宅すると「手を洗う」，「夕食をとる」。自炊をしている場合は「調理，食器洗いをする」。その後「入浴する」，パジャマなどの「部屋着に着替える」，テレビを見たり CD を聞いたり，パソコンやスマホで YouTube を見る，ゲームや読書，他の趣味といった「余暇を楽しむ」，あるいは勉強をする，寝る前に「歯を磨く」，適切な時間に「就寝する」といった活動がありえるでしょう。

　これは一例であり，この通りにしなければならないというわけではありません。

（2）1週間のライフスキル

　1週間になると，土，日があるので，適切な「余暇を楽しむ」，「必要なものをまとめて購入する」，1週間に1回あるいはそれ以上の割合で「爪を切る」，「洗濯をする」「ゴミを出す」「掃除をする」などの活動が考えられます。車を頻繁に利用している場合は給油も検討する必要があります。

（3）1か月のライフスキル

　これも当然人によって異なると思いますが，男性の場合は月に一度「散髪に行く」といった人が多いようです。女性の場合は1か月〜数か月の間に美容院に行くことがあるのでしょうか。また，月ぎめで支払われる「部屋代，電気・ガス・水道代および通信費を支払う」といった活動は，近年銀行引き落としがされることも多くなりましたが，他の買い物を含め銀行の入出金の明細確認作業は月に一度は行う方がいいでしょう。人によって，月に一度くらい旅行やコンサート，スポーツ観戦などの「余暇を楽しむ」ことがあるかもしれません。

（4）1年間のライフスキル

　1年のライフスキルで重要なのは，「健康診断を受ける」や「歯医者に行く（年に数回）」，車を運転する人は「点検を受ける」ことも必要です。そして，発達障害の大学生の中には履修申告の際に必修と選択を間違えて留年する人がいるため，「履修申告を行う」といった活動も含めましょう。

（5）その他のライフスキル

　以上，1日，1週間，1か月，1年と期間で行うライフスキルを検討してきましたが，期間に関係ない様々な活動がたくさんあります。たとえば，病気やけ

がをした際には，「必要に応じて病院にかかる」，働いて得た給与をすべて使ってしまうのではなく「貯金をする」，高額なものを購入する際には「計画的に購入する」など適切に分けて使用することが大切です。一人暮らしをすると，新聞の勧誘や宗教団体，他の商品の訪問販売など知らない人がアパートに訪ねて来ることがあります。必要なければ「適切に断る」というスキル。同じアパートに住んでいる人と出会ったときは「挨拶をする」。眼鏡やコンタクトレンズ，医薬品など「必要に応じた買い物をする」，何か自分で解決できない問題が生じたときに「保護者等の支援者に連絡する」，ストレスを感じるようなことがあれば「自分で気分を落ち着かせる」，その他「必要に応じた緊急時の対応ができる」といったことが必要なときもありえます。

　以上の活動は，一つの例にすぎません。人によっては友人と食事に行ったり，習いものをしたりなどいろんな活動があるでしょう。しかし，大人になって地域で生活していくうえで，上記のような活動を行うことがありえるだろうということです。そして，そのような活動のすべてができるようになることを求めているのではありません。大人になって日常的に生じるであろう活動（ライフスキル）をチェックし，獲得できているスキルは「合格」です。完璧ではないものの部分的にできる活動を「芽ばえ」と考えます。芽生えスキルは一部はできているので，指導すると合格に持っていける可能性があるため，この「芽生えスキル」を個別の指導目標にするのです。

　そして，「不合格」となるできない活動は，獲得するにはまだ早いスキルと考えます。たとえば，「自転車に乗ることができる」といったスキルを例にとってみましょう。小学校の3年生，4年生になると自転車を乗り回している子どもは多いので，その場合は「合格」になります。しかし，赤ちゃんはどうでしょうか。当然自転車に乗ることはできないので，このスキルはこの段階では「不合格」になります。しかし，幼稚園から小学校1，2年生くらいになると，自転車に乗りたいというモチベーションが生まれます。しかし，まだ自転車に乗ったことがないので，保護者は子ども用の補助輪付きの自転車を買ってあげて，乗り方を教えるかもしれません。補助輪がついていたら倒れないけれども

初めて自転車に乗るとまだ不安定です。徐々に自転車操作に慣れてくると，片方の補助輪を取り，さらに慣れてくると両方の補助輪を取って，保護者は自転車の荷台を押さえながら途中で手を放すといった教え方をすることが多いのではないでしょうか。その段階では，まだ（自転車操作のスキルが）不十分の場合は倒れてしまう可能性があります。この段階が「芽ばえ」なのです。たぶん子どもは転んでも，自転車に乗ることはあきらめないでしょう。芽生えの段階は，練習すると合格に導くことができる段階なのです。この「合格」「芽ばえ」「不合格」は，TEACCH Autism Program の考え方で，PEP や TTAP に導入されています（梅永，2007）。

　そして，どうしても獲得できないスキルは，自分だけで解決しようとせず人に頼る「援助要求スキル」も大切なのです。前回も述べたように，TTAP や BWAP2 にはこの「援助要求スキル」の項目が導入されています。自立とは「人に頼らずに生きていく」ことではありません。できないことは，人に頼る，相談するといったスキルこそライフスキルの重要なスキルだと考えます。

第3章

高機能ASD者の
支援事例

事例 1 大学における高機能ＡＳＤ学生への就労課題と
必要な支援

　大学における障害学生支援は，学生の成長を視野に入れたキャリア発達が大
切な支援の目的となる。キャリア発達とは「社会の中で自分の役割を果たしな
がら，自分らしい生き方を実現していく過程」をいう。就職活動支援では，就
労支援機関と大学の強みを生かした連携が必須である。特に，大学が持ってい
る情報や，対話のコツや本人に理解しやすい伝え方などの支援スタイルは就労
支援機関にとっても役に立つ情報である。高機能 ASD 学生の就労に関して，
大学と就労支援機関がお互いの強みを活かした連携をすることが，早期の安定
的な職業人としての生活につながると考える。

【支援の実際】

氏名（仮名）：石川　華子（いしかわ　はなこ）

障害名：自閉スペクトラム症（22 歳時）

検査：WAIS－Ⅳ　FIQ　120　（VCI：80，PRI：160，WMI：120，PSI：90）

　　精神障害者保健福祉手帳 2 級（卒業後に取得）

　　障害者雇用枠での就職

出身：国立大学　理学部卒業

生育歴：

　幼少期から集団活動への参加の様子や，コミュニケーションの問題を指摘さ
れ，複数の相談機関に相談するも病院受診には至らなかった。小中学校では，
対人コミュニケーションの問題で教室に行きにくくなり，保健室や相談室で過
ごすことが多かった。学業面の問題はなく，高等学校では理系の進学クラスに
所属する。高等学校では，本人および家族からの支援要請はなく，クラスの生
徒や教員のさりげない配慮により，大きなトラブルもなく卒業し，一般入試で
大学に合格した。

1．大学での支援

（1）支援のきっかけ

　大学では，本人および家族からの支援要請はなかったが，本人が授業の合間に頻繁に保健管理センターを訪れていたため，看護師からの勧めで筆者との定期的な面談を行うことになった。学業面は問題なく，学科でトップレベルの成績を維持しており，合理的配慮の提供など直接的な支援を必要としなかった。2年次に実験実習の際のグループワークでパニックになり，授業担当教員にグループ編成に関する配慮を依頼した。保健管理センターでは，自己理解のための心理教育的支援と，小集団活動によるコミュニケーション支援を行った。面談での語りは，「これまでの人生，良かったことがなかった。将来のことを考えるのがつらい。どうやって向き合えばいいんだろう」と絶望的な気持ちに支配されることが多く，「小さなことにも引っかかって，落ち着かなくなる。また同じことをやってしまったと後悔する」と暗い表情を見せることが多かった。

（2）大学での就職活動支援

　本学の ASD の特性がある学生に対する就職支援では，本人や家族の意向を尊重しながら，一般雇用と障害者雇用の両方の就職について説明し，本人の希望を尊重しつつ就職活動を進めている。日々の修学に関する個別面談の中で，キャリアに結びつく要素，たとえば，スケジュール手帳の使い方やメールの書き方，アポイントの取り方等を教え，将来にも役に立つ基本的な振る舞い方やツールの活用などの情報を提供している。

　華子さんは3年生の半ば頃，研究室配属や就職活動に対する不安が募り，支援室での面談ではその不安を吐露することが多くなっていった。座学の授業では優れた能力を発揮し順調に単位を取得したが，ゼミという新しい環境への不安や，就職活動と就職試験への不安が一気に押し寄せてきたようだった。3年次の後半には，筆者との面談では就職の面接練習や自己 PR の書き方についての話し合いが中心となった。自己否定感が強く，「自分には PR するところなんて一つもない」と言い，ひどく落ち込む傾向にあった。ASD の学生の中に

は二極的思考になりがちな人が多く，完璧を求めるあまり自己評価が低い学生がいる。華子さんも同様の思考をしがちで，面談では否定的な自己認識を一つずつ取り上げ，リフレームしていく面談が続けられた。在学中に受けた就職試験では，筆記試験は合格するが，面接で落ちる経験を重ねてしまい，就職先が決まらないまま卒業に至った。

２．卒業後の支援－大学と就労移行支援事業所との協働

（１）大学における卒後フォローアップ支援

　卒後フォローアップ支援は，本人からの要望がある場合に行っている。仕事に関する悩みや職場の人間関係で困ったことが語られることもあるが，大学在学中の支援スタイルで困りごとが解消することも多く，辞めることなく働き続ける卒業生は多い。フォローアップ面談のポイントを次に挙げる。

①月１回の定期面談で日々の「こだわり」や「気になること」について話題にする。

②日々の業務の振り返りを行う。

③職業人としての生活を通して，求められるワーク・スキルについて話題にする。

④職場環境を客観的に把握し，働きにくさがあれば，改善する方法を一緒に考える。

⑤仕事と余暇活動のバランスをとり，１週間の生活スタイルを作っていく。精神的，身体的な疲れが蓄積しないように，休日にはゆっくり休むことやリフレッシュすることの大切さを伝える。

（２）就労支援機関の利用

　在学中の採用面接の失敗体験は，華子さんの働くことへの不安を助長し，地域発達支援センターやハローワークの相談を経て，福祉サービスを利用した就職活動を行うことになった。病院受診を経て自閉スペクトラム症の診断を受け，精神障害者保健福祉手帳を申請し，就労移行支援事業所を利用することになった。華子さんは就職活動の経験から，自身の言語的コミュニケーションの苦手さを再認識し，苦手な部分に関してのサポートがある障害者雇用枠での就職に気持ちを移していった。療育手帳を持っている幼なじみや身体障害者手帳を所

持している家族の存在もあって，配慮を受けながら働くことへの抵抗感はそれほど大きくなかった。診断が出てから実際に手帳を受け取るまで半年間は，職業評価や職業訓練を受けたが，この間，大学の支援室にも定期的に通い，自身の障害についての話題や，訓練への不安や疑問を語っていった。筆者との面談では，華子さんが体験したことを時系列で整理し，意味づけを行い，不安や疑問を解消していった。

　華子さんが大学卒業後に利用した就労移行支援事業所のサービスとは，障害者総合支援法に基づく障害者サービスの一つである。原則18歳以上，65歳未満の障害者を対象に，24か月の有期限のなかで職業能力の評価や，職業訓練，インターンシップ等の活動を行い，当事者の特性に応じた就労を実現することが目的である。さらに，仕事に就いた後も企業のニーズと本人の特性を調整しフォローアップする定着支援も併せ持つ障害者福祉サービスとなっている。

　華子さんは，ハローワークの紹介で就労移行支援事業所リエゾン（以下，リエゾン）を利用することになった。大学支援者である筆者との支援会議では，リエゾン所長から，「事業所と契約を結ぶことになってから役に立ったのは，大学からの本人の特性やコミュニケーション上の留意点に関するデータだった」という話があった。また，福祉サービス利用開始後に生ずるであろうさまざまな問題への効果的な支援方法を，大学支援者とその時々で話し合えたことは，福祉事業所の支援者にとって何よりの安心であり，迅速かつ効果的な支援を可能にしたとの言葉もあり，大学から社会への移行支援の重要性が確認された。

　リエゾンの企業就労に向けた福祉支援の流れは図5のとおりである。①のアセスメントとモニタリングは，就労移行支援事業所に入所時から企業に就職した後も続くものであり，②のジョブマッチングは，本人の特性を把握した時期から，就職が決まり実際に働いている現在まで続く。③の定着支援・フォローアップは，就職が決まってから現在に至るまで行われるものである。①から③までがプロセスに沿って重層的に行われる支援のスキームである。

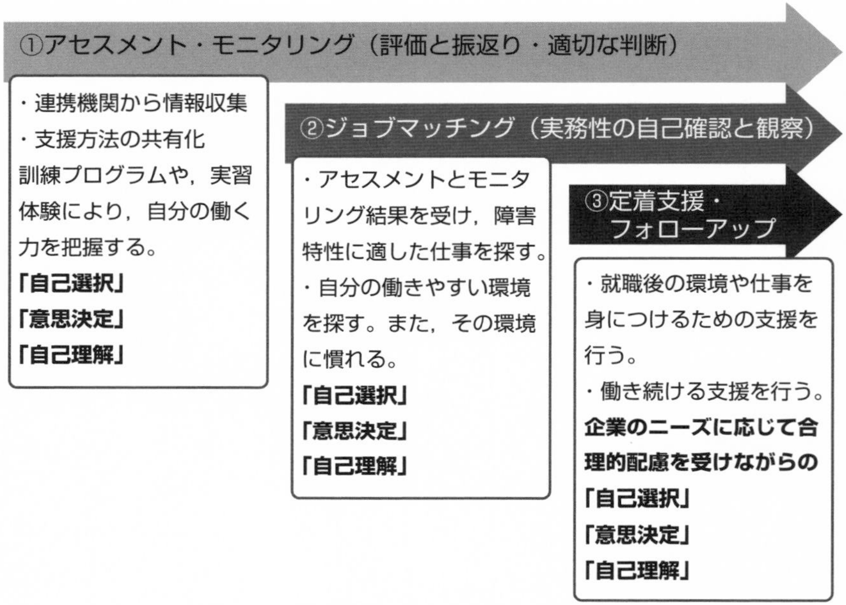

①アセスメント・モニタリング（評価と振返り・適切な判断）

・連携機関から情報収集
・支援方法の共有化
訓練プログラムや，実習
体験により，自分の働く
力を把握する。
「自己選択」
「意思決定」
「自己理解」

②ジョブマッチング（実務性の自己確認と観察）

・アセスメントとモニタ
リング結果を受け，障害
特性に適した仕事を探す。
・自分の働きやすい環境
を探す。また，その環境
に慣れる。
「自己選択」
「意思決定」
「自己理解」

③定着支援・
フォローアップ

・就職後の環境や仕事を
身につけるための支援を
行う。
・働き続ける支援を行う。
**企業のニーズに応じて合
理的配慮を受けながらの**
「自己選択」
「意思決定」
「自己理解」

図5　企業就労に向けた福祉支援の流れ

3．就労移行支援事業所における支援

リエゾンでは大きく分けて次の3つの支援が行われた。

（1）職業訓練（自己特性の理解，就労意欲の向上を目指して）

①テストや検査，一般常識や事務仕事等の基礎学習

②立位での手作業や，重量物の移動仕事，ピッキング等の実技

③パソコンの技術をスキル段階に応じて支援

④実際の企業でインターンシップや実習の機会の提供

⑤ビジネスマナー，清潔感のあるおしゃれやビジネスファッションの支援，
　アイロン掛けやボタン付け等の生活面での自立を図るための基礎的支援

※事業所内での活動や，家や社会での行動について，随時に振返りを行って
　いる。また，週に一度，個々にモニタリングや相談の機会を確保している。

（2）求職活動

①ハローワークや県障害者職業センターと連携し，本人の特性とのマッチングを重視し，強みと弱みに合った職場を探し，雇用につなげる。

（3）定着支援

①就労後，企業への定期的な訪問を行い，当事者の特性に応じた仕事の教え方や働く環境の調整，本人および企業の悩み相談等，フォローアップ支援という制度の下の定着支援を行う。

４．福祉事業所でのアセスメント

利用者に関する情報を収集・分析し，自立した日常生活を送るために解決すべき課題を把握するために，複数のアセスメントツールを組み合わせて試行している。

①サービス利用以前の状態を把握する。家族や医療機関の情報，大学等の教育機関から半構造的面接にて情報を収集する。

②アセスメントツールを利用し，就労のための情報を収集する。就労移行支援のためのチェックリスト，ワークサンプル幕張版（MWS），（幕張ストレス・疲労アセスメントシート（MSFAS），ナビゲーションブック（高齢・障害・求職者雇用支援機構　障害者職業総合センター），厚生労働省編一般職業適性検査（GATB），認知機能・職業能力・対人関係 skill 訓練指導マニュアル（名古屋市総合リハビリテーションセンター）を使用。

③利用者の作業特性を把握する。作業分析をしながら利用者に伝わる方法で説明する。

④訓練ごとに，利用者によるセルフ・アセスメントを行う。自分で振り返り，まとめ，支援員と訓練進捗状況を確認する。セルフ・アセスメントは，訓練時で生じる行動のすべてを振り返り，「訓練に対する取り組み方や姿勢」，「集中力・持続性」，「課題に対する気分や結果に対する反応（衝動性）」を自己評価することであり，その後，結果を見ながら支援者と話し合い，企業目線での評価を生み出していく。模式図が図6である。

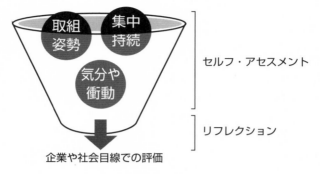

（訓練時に生ずる行動の振り返りとリフレクション）

セルフ・アセスメント

リフレクション

図6　セルフ・アセスメント

　華子さんは，MWSにおいてまったくミスがなく，完璧に行うことができた。また，繰り返すことによってスピードが上がる傾向にあった。多くの高機能ASD者は，訓練内容が簡単な内容であると思い，指示通りにしなかったり，手を抜いてしまったりすることがあり，結果的にミスが多くなる傾向にあった。しかしながら，華子さんはどのような簡易な訓練内容であっても，しっかり取り組むことができ，完璧に行うことができた。また，手指の巧緻性を見る訓練も，指示書に従って丁寧に素早く行うことができた，どのような仕事であっても，全力で取り組み，百パーセントを目指すところが，本人の強みであり，良さであるという評価を得ることができた。

5．大学－福祉事業所－企業との連携による支援

　リエゾンでは，繰り返し作業を行うことと作業観察をすること，定期的な面談による語りの場を持つことによって，詳細な特性を把握していく。訓練の成果のみに焦点を当てるのではなく，成果を通して本人との物語を作っていく必要がある。さらには，社会全般，社会適応，会話の仕方，感情の表現の仕方などを把握し，訓練を通して本人の内省を引き出し，セルフ・アセスメントへとつなげ，支援者からのリフレクションをもとに作成した自己紹介シートを企業への引き継ぎ内容とした。

（1）訓練により把握できた本人の強み

　訓練の振り返りにより，自身の特性の強みを知り，自己紹介シートに反映した。

表16　訓練を通して把握した自身の強み

- 明確な指示を伝えると，正確に聞き取ることができます。
- 一度覚えたことは忘れません。
- 責任感が強く，与えられた仕事を確実に実行します。
- 視覚優位で，見たものはより正確に記憶できます。
- 「報連相」や「確認行動」はしっかり行うことができます。
- サボることなく，指示があるまで休みません。訓練では，無遅刻・無欠勤でした。
- 数的処理，コンピュータ入力は正確です。自分で見直し，完璧を目指します。
- 回数を重ねることで，正確性・スピードもあがります。また，同じことを何度でも正確に行うことができます。

（2）課題に対する対応の仕方

　企業への引き継ぎは，リエゾンで行ったアセスメント結果をもとに行う。特性に対する支援方法は，表17のようにはっきりした解決方法が考えられる。

表17　課題に対する対応の仕方

課題	解決方法
• 長い言葉の指示	・短く簡潔な表現で指示を出す。
• 急な変化や変更	・できるだけ事前に予定を伝える。
• 初めての仕事	・モデルを示し言葉で表す。メモを取る。
• わからない時の対処	・担当窓口の固定化。
• 対人コミュニケーション	・一人になる時間と場所を提供する。
• ルール・マナー	・ルールやマナーの説明。実行により習得できる。
• 失敗への対処	・失敗は必ず報告できる。自責の念が大きい点を配慮。
• 不安・緊張の表現	・表情や態度でわかりやすく表現するので，声をかけて話を聞く時間を取ってほしい。
• 自信のなさ	・実際に成功体験を積み，評価されると自信をもつ。

（3）連携会議の開催

　ハローワーク求人で応募した企業に就職したのち，企業にリエゾン支援者と大学支援者である筆者が訪問し，環境面での人的・物的支援に関する支援会議を行った。支援会議では，華子さんの仕事への取組み・コミュニケーションの取り方をテーマに意見交換を行った。入社当初から現在に至るまでの状況に関して企業側から説明があり，本人の強みが会社にとってどのような利益を生んでいるかについて説明があった。また，初めて障害者雇用枠で発達障害者を雇った企業にとって，就職後にも続けられるリエゾンとの連携は非常に心強かったとのことだった。

　表18は，リエゾン支援担当者と筆者が企業訪問し行われた支援会議で，企業から報告があった内容である。

表18　支援会議で企業から報告されたこと

①「仕事への取組み・コミュニケーションの取り方」について	①リエゾンからの説明，実習体験，ジョブコーチ支援があったので，実務やコミュニケーションに支障はない。仕事は常に前向き。「報連相」もしっかりできている。仕事定着はスムーズで，新たな業務に対しての指示を必ずメモし，自分で工程を整理しながら遂行している。
②入社当初から現在に至るまでの変容等	②新しい業務が出た時はリエゾンと支援内容の調整を行ったが，現在は自社で対応可能。困り感を自己申告できる。電話応対無しの条件で入社したが，現在は内線の対応，また，特定のクライアントには外線で電話交渉が可能になった。
③会社からみた本人の強み	③仕事のミスが少ない。責任感が強い。スキャニング，メール，FAX等の電子媒体もミスなくこなす。

④本人との関わりを通じた「発達障害者の雇用」に対する気づき	④環境や指示の工夫によって想定以上の仕事力が発揮できている。アフター5の参加も可能になり，成長する姿を見ることができた。キャリアアップの可能性がある。
⑤就労移行支援事業所との連携のメリット	⑤入社時に職員全体に周知した「自己紹介シート」は，今も業務変更や仕事指示時に活用している。また，私的な悩みに対応してくれている。会社に直接言えないことを，リエゾンが聞き取り，本人の許可を得て報告があり，人事管理や業務遂行に助けてもらっている。

　会議の中では，企業から対処法についての質問が出された。たとえば，「有給休暇を取るように伝えたが，本人は休みたくないという。どのような表現で伝えたらよいか」という質問や，「小さなミスにうろたえているとき，どのような言い方をすれば本人が落ち着いてくれるのか」など，特性が表面化したときの対処法について具体的な方法を知りたいということだった。企業からの質問は，大学や福祉事業所でも同様のことがあったため，華子さんが納得するような説明の方法を伝えていった。

　また，筆者との面接での話題も，本人の了承を得られた内容に関して企業側に報告した。華子さんは，卒業後も大学の小集団活動に参加している。ここでの語りは，趣味である電車の小旅行を楽しみに仕事を頑張るというような，プライベートの過ごし方に関することが多く，企業担当者にとっても華子さんの一面を知る機会となったようだ。職場では社内電話に対応することができるようになり，懇親会にも参加できるようになり，仕事以外の社内イベントにも参加できるようになったという。

6．今後の課題

　華子さんは大学支援者，福祉事業所の支援者，企業担当者が連携すること に

よって，本人の得意な能力を発揮しながら順調に勤務を継続している。本来持っている認知能力の高さにより，与えられた仕事を完璧にこなす華子さんに対して，企業は彼女が障害者雇用枠での就労であるという意識が薄くなり，「仕事の遂行能力は天井知らず」，「企業が適切な支援を行ったことにより，彼女の新たな能力が開拓できた」という企業評価を得るほどになった。たとえば，データ管理をする中で，他の支店のデータとの比較をもとに，自社で取り組むべき課題を提案することができ，その点では大きな評価を受けることができた。

　その一方で，別の不安が華子さんのなかで大きくなっていくこともあった。たとえば，仕事に慣れてくると，視界に入ってくる現象に関心が向いて簡単なミスを犯してしまい，そのことを会社に相談すると，それを理由に会社を辞めさせられるのではないかという不安が大きくなってしまうことがあった。就職では，机の配置を配慮するなどの物理的環境の構造化により，与えられた仕事を完璧にこなしているものの，昨今のコロナ禍の影響により新たな不安を訴えることがある。これまでも本人からの相談があった場合，リエゾン支援者や筆者がいくつかの解決のためのセオリーや職業人としてのモラルに関する話し合いを行ってきたが，本人の自尊心の維持が難しいほどの不安感を持ったり，解決能力の範囲を超えてしまったりした場合は，再度，企業への介入を行い，連携会議の中で企業に対して合理的配慮を求めていく必要があると考えている。また，企業に対しては，気持ちが不安になった時に，本人から「１on１ミーティング」を依頼することができるような体制づくりも提案していきたいと考えている。

　大学から企業へと環境が大きく変わり，学生の立場から社会人の立場になっていくプロセスをしっかり支えるためには，支援者間の情報の引継ぎだけでなく，双方の支援者が協働し，重なり合う支援が必要である。

（西村優紀美）

発達障害の診断を受けてから「自分らしい幸せ
な生き方」を見つけるまで

> 大学3年生になって初めて自らの特性に気づき，「アスペルガー症候群（当
> 時の診断名）」の診断を受けた田中さん（仮名）は，大学卒業後，約5年半の
> 就労継続支援A型の事業所で働き，その後特例子会社に就職を果たした。その
> 間，様々な悩みを抱え挫折を経験しながらも支援を受け，自己理解を深める中
> で「自分らしい幸せな生き方」を見つけていった。

【支援の実際】

　都内在住の田中さんは，大手企業の特例子会社に勤務する33歳の男性であ
る。4人家族の次男で長男はすでに独立しており，田中さんは現在も自宅で父
親，母親と同居している。家族の中で兄や父親とは良好な関係を保っていた
が，母親との折り合いが悪く，特に高校生の頃までは母親が自分のことを理解
してくれず，しばしば口論になることもあったという。IQは100程度で平均
的であり，小学校，中学校，高校とも学業では大きく遅れを取ることはなかっ
た。人と交わることは苦手であったが，物静かな性格で学校生活では大きなト
ラブルもなく，趣味のゲームなどを通じて数人の仲の良い友人もいた。

1．トラブルが多発し相談機関へ，そして診断

　筆者が田中さんと出会った2008年，彼は都内の私立大学に通っていた。当
時大学3年生だった彼は理系学部に所属し，単位も順調に取得していたが，対
人関係を苦手としたり，いくつか学習上の課題を抱えながら大学生活を送って
いた。ある時，インターネットのチャット機能を使って他大学の友人とやりと
りするうちにトラブルとなり，そのことが原因で「夜眠れない」「イライラする」
といったことから学業にも支障をきたすようになり，学生の相談窓口である相
談センターを訪れた。当時同センターで相談業務を行っていた筆者が彼のトラ

ブルの内容を聞くと対人関係の課題だけではなく，学校生活の中でスケジュール管理ができずレポートの提出遅れや，日付の間違いなどしばしば見受けられた。また，集団の中で場違いな発言などをして友人からひんしゅくをかうなどのエピソード，さらに生育歴の中で小さな頃から友人が少なく集団の中での居心地の悪さを感じていたことや感覚過敏などのエピソードが語られたため「発達障害の可能性がある」と判断し，医療機関へ繋ぐことになった。この医療機関で「アスペルガー症候群」の診断に至ったが，印象的だったのは，診断を受けた直後，そのことを報告しに相談センターを訪れた田中さんは「これまでいろんなことが上手くいかないと思ってモヤモヤしていたけど，その理由がやっとわかってホッとしました。自分の努力が足りなかったわけでも，性格が悪いということでもなかったんですね。安心しました。」という言葉だ。診断を受けることについてネガティブな印象を持つ人がいる一方で，田中さんのようにこれまで上手くいかなかった理由が明確になり，安心する人もいる。彼は，これから自分はどうすべきなのか，何が必要なのかを模索し，障害受容や自己理解への一歩を踏み出すスタート地点に立つことができた。

2．就労のための SST と自己理解

　田中さんは診断を受けた直後から，自らの特性への理解と対処として，当時大学で行われていたソーシャルスキルトレーニング（以下，SST という。）に参加した。また大学 3 年生となって就職に大きな不安を感じていたため，発達障害学生向けのインターンシップに参加した。

　大学で行われていた SST は，一般的な対人関係スキルを向上させると言った内容とは異なり，田中さんが課題としていた時間管理については，例えば，スマホを活用した時間管理スキルや感覚過敏によって体調不良を引き起こしたことへの対処として体調管理の方法やストレスマネジメント，対人関係においては友人関係を構築するというよりも，挨拶の仕方や初対面の会話においてどのような内容が適切かを学んだり，場の状況にあった暗黙のうちに行われる振る舞いなどを明示化し，学校や職場におけるルールやマナーとして身につける

ようなものであった（表19）。

表 19　SST として扱う主な領域・内容

① セルフマネジメント領域（マネジメント能力の獲得と向上）

　例）生活管理能力，学習の進め方，体調管理，ストレスマネジメント，余暇活動

② 自己・他者理解領域（他者や社会と折り合う力の獲得と向上）

　例）感情コントロール，対人関係スキル，障害受容

③ 社会的枠組み・手続きの理解

　例）礼儀・マナー・ルールの理解と運用，社会資源の活用

　さらに，SST でのトレーニングに加えてインターンシップにも積極的にチャレンジした。これまでアルバイトの経験もなく「働く」ことそのものをイメージできないため一般企業へのインターンシップはハードルが高かった。そこで，最初のインターンシップ先は「就労継続事業所」とすることとした。

　真面目で素直な性格の田中さんは，SST でのトレーニングを順調にこなし課題となっていたスキルを身につけていった。しかし，実際にインターンシップに参加してみると学生生活とは異なるスキルが求められたり，大学では通用していたことが社会（インターンシップ先）では通用しないことなどを痛感したという。

　例えば，働く上で基本となる「報告・連絡・相談」いわゆる報連相は，大学生活においてそれほど頻繁に使われるスキルではないかもしれないが，職場では日々求められるスキルとなる。はじめて仕事を体験する中で何を「報告」し，何を「相談」したら良いのか田中さんは全く分からず，戸惑った。また SSTや大学生活の中において時間管理はある程度できるようになったものの，仕事の中でいくつか重複した仕事を頼まれたとき初めての仕事では見通しが立たず，その作業にどのくらい時間を要するか積算できず，時間までに作業を終わらすことができないなどの問題が起こった。このように，SST で獲得したと思わ

れるスキルがインターンシップなどの実際の場面でどの程度運用可能なのかどうかを客観的に評価することが可能となり「このスキルはまだまだ不十分だ」「この課題はある程度対応可能だ」等の客観的な評価とともに適切なフィードバックを受けることで，自己理解にも繋がっていった（図7）。

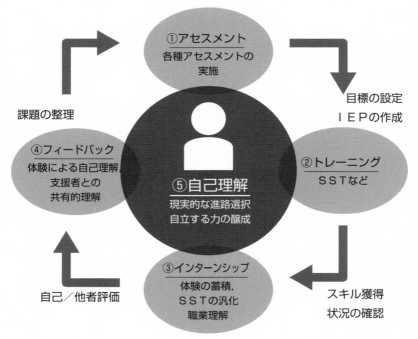

図7　ＳＳＴ・インターンシップを組み合わせた自己理解への支援モデル

① 　各種アセスメント

　ＷＡＩＳ－Ⅳなどの心理検査の他，学校での適応状態やこれまでの生育歴，現状の課題なども含めて総合的に評価を行う

② 　SST などのトレーニング

　苦手なことをできるようにするだけではなく，得意なことにも着目し強みを生かす方法なども見つけていく

③ インターンシップ

　本人の意向や向き不向き，現在の能力などを見極めて，インターンシップ先を選定し，SST 等で獲得したスキルの運用状況を確認する

④ フィードバック

　インターンシップでの体験を本人にわかりやすく伝え，課題の整理や今後取り組むべき事柄について話し合う

3．卒業後の進路と現在の支援

　田中さんはこうした支援を経て，大学卒業後には一般企業へ就職をするという漠然とした希望はあったが，インターンシップの状況を踏まえ，進路の再検討を行った。表 20 は，特例子会社（サービス業，製造業，小売業，情報通信業等）の人事担当者が知的な遅れのない発達障害のある人に求めるスキルをまとめたものである。田中さんのこれまでのインターンシップの取り組み状況から表 20 のようなスキルを獲得・運用することができているかや，特性への配慮が得られるかどうかを検討し，一般企業ではなく特例子会社への進路を第一希望とした。そのため，留年した 2 度目の 4 年生の春には精神障害者保健福祉手帳を取得し，障害者就労をすることに決めた。

表 20　障害者雇用で必要なスキル（村山，2019 より一部抜粋）

1　仕事の段取りを自分で組み立てることができる
2　物事の優先順位を決めることができる
3　効率的に業務を進められるよう工夫することができる
4　依頼された業務に対して自分の能力を見極め，期限の設定や業務遂行の可否を判断できる
5　上手くいかない仕事に対しても，原因をつきとめ方法などを再検討し，業務に取り組むことができる
6　自ら業務目標を決めて，確実に実行することができる
7　丁寧な言葉で電話の応答ができる

8　自部門の役割分担を把握している

9　組織の一員として所属する部署やチーム全体のことを視野に入れた行動ができる

10　相手の状況に合わせて行動できる

11　自分の苦手なことを他者に説明することができる

12　服薬管理を行うことができる

13　自分の障害内容を説明することができる

14　体調不良の際に対処することができる

15　自分に必要なサポートについて説明することができる

16　自分の得意不得意を理解している

17　規則正しい生活を送ることができる

18　困った時に相談できる人，支援者がいる

19　勤務時間中は集中して自分の業務に取り組むことができる

20　納期や〆切を守ることができる

　田中さんは無事に大学を卒業したが，卒業後すぐに特例子会社で仕事をすることには自信が持てず，就労継続事業所で仕事をすることになった。SSTのトレーニングなど順調にいっているように思えたが，インターンシップなど実際の働く場面では思うようにできないことも多く，すぐに就職するよりももう少しトレーニングする時間が必要だと考えた。

　田中さんの課題である時間管理の問題や対人関係，感覚過敏の課題はある程度SSTの中でスキルとして獲得できたものの，実際の場面への般化については，インターンシップを重ねて「できたこと」「できなかったこと」として評価を行った。これらの評価とフィードバックをもとに，トレーニングをすることで対応が可能かあるいは合理的配慮として配慮を要請するのかなどの整理をした。例えば，与えられた仕事について自ら見通しを立てることが難しい田中さんの場合には，あらかじめ「3時間以内に終わらせる」「2時間たったら進捗状況を必ず報告する」など具体的に指示を出してもらうことで対応が可能になった。このように「できなかったこと」については，田中さん，支援者，職場の上司等と話し合い，合理的配慮で可能な支援が受けられるように調整を

図った。

　卒業後，就労継続事業所で約 5 年間働いた後，改めて特例子会社の採用試験を受けて見事に採用に至った。現在勤務する特例子会社について田中さんは「とても働きやすい」と話している。働きやすい理由として田中さんは以下のサポートを挙げている。

①　直属の上司が（自分の）特性について理解してくれている

②　上司に相談をすると具体的なアドバイスをもらえる

③　体調に合わせて，仕事を進めることができる

④　定期的な面談の機会があるので，面談までに質問や疑問について整理したり，考える時間がもてる

　上記の支援は，特例子会社であるため企業がもともと行っている支援であるが，大学時代の SST やインターンシップ，卒業後の就労継続事業所での仕事を通じて，田中さん自身が自らの苦手なことへの理解や体調の異変に気がつき，いち早く相談したり理解を求められるようになったことなど，現在の就労を継続する上で重要なポイントとなっている。さらに，現在は支援機関と職場の上司・担当者と田中さんの三者で月に 1 回程度オンラインでの情報共有の場があり，こうした場を通じて困りごとや不安を解消するサポートを受けている。

　田中さんは現在の特例子会社に就職して 6 年目になる。これまで契約職員であったが，今春には正社員になれる見込みだという。「いろいろなことがあった人生だけど今が一番幸せです。毎日が穏やかで充実している。先々のことで不安なこともあるけど，相談できる人もいて，なんとかやっていけそうな気がします。」職場での理解者の存在やいつでも相談に乗ってもらえる人がいる安心感は，現在の彼を支え，未来への希望に繋がっている。

（村山光子）

短期間で離職を繰り返す高機能ＡＳＤ者への
支援事例

> 　短期間の離職を繰り返す高機能 ASD 者について，就労に必要な各種スキル
> を評価するアセスメントツールを使用し，取り組むべき課題を抽出して支援を
> 行った。また勤務してきた就労先を項目に基づいて分析し，適応しやすい / し
> づらい環境条件について整理し，適切な就労へ繋げ定着支援を行った。

【支援の実際】

対象者の経歴

　アツシさんは 20 代の男性。高校まで普通級で学び，大学では商学部でマーケティングを専攻。大学 3 年の時ゼミに所属してから，周囲とのコミュニケーションがうまくいかず疎外感に悩んでいた時，インターネットで発達障害について知り，精神科を受診した。20 歳の時に「広汎性発達障害」と診断された。自身に障害があることに動揺しつつも，これまでうまくいかなかったことが障害によって説明できることに「安心した」と感じたアツシさんは，支援を受けながら就労できる障害者枠での就職を希望し，精神保健福祉手帳 3 級を取得した。障害のある人の就職を専門にサポートするハローワークの専門援助部門の支援を受けて，大手 IT 企業の事務職にフルタイムで就職した。配属されたのは障害をもつ社員のみで構成される部署で，社内の各部署から依頼された様々な事務業務を担当した。直属の上司が障害への理解があり，部署の各メンバーのスキルに見合う業務をうまく振り分けてくれるよう配慮してくれたおかげで安定して仕事を続けることができた。

　4 年ほど勤続した時，会社都合により契約更新がされず離職を余儀なくされたため，ハローワーク専門援助部門の支援を受けて中堅の IT 企業に転職。しかし体調不良により勤怠が安定せず半年で離職した。その後も 2 社（エネルギー企業，IT 企業）に転職するが，いずれも半年以内で体調不良による勤怠不良

のため離職した。障害者職業センターからの紹介で当就労移行支援事業所チャレンジドジャパンに通所することになった。居住環境は，大学卒業時より親元を離れてグループホームで生活をしている。趣味はフットサルとパソコン。フットサルは地域のサークルに所属して試合に出るなどしていたが，グループLINE で練習での態度について他のメンバーに指摘されたことをきっかけに参加しづらくなり，現在はサークルにほとんど顔を出さなくなっている。パソコンはほぼ毎日開いてブログや SNS をやっている。

1．アセスメントの実施

　初回面談で成育歴や職歴など聞き取りを行ったのち，スキルの習得状況と支援すべき課題について把握するためアセスメントを実施した。アセスメントには「TTAP」（TEACCH Transition Assessment Profile：自閉症スペクトラムの移行アセスメントプロフィール，以下 TTAP）を使用した。TTAPは，自閉症児者への支援で世界的に著名なアメリカ・ノースカロライナ大学の TEACCH Autism Program で開発された，学校から成人生活へと移行するためのアセスメントツールで，3尺度 216 項目からなるフォーマルアセスメントと，実習先での評価であるインフォーマルアセスメントから構成されている。TTAP は基本的に知的障害を伴う ASD 児者が対象とされており，アツシさんのような高機能 ASD 者にとっては容易に「合格」となる項目が多いが，アツシさんのこれまでのエピソードから，TTAP がアセスメントする領域に課題になりそうなスキルが散見されたため導入する運びとなった。フォーマルアセスメントのうち「事業所尺度」を使用し，就労に必要なスキル（6領域 72 項目）に関して，就労移行支援事業所のスタッフが本人について以下の3段階で評価した。
・「合格」…支援がなくてもできる，身につけているスキル
・「芽生え」…支援があればできる，これから伸ばせるスキル
・「不合格」…支援があってもできない，合理的配慮になりうるスキル
　TTAP の基本的な考え方として，「芽生え」評価がついたスキルに着目して

支援計画を考えることとされている。アツシさんのアセスメント結果のうち「芽生え」がついたスキルは以下の通りだった（表21）。

表21　TTAP事業所尺度で「芽生え」評価だったスキル

領域	No.	スキル	捕捉事項
職業スキル	146	組立の手順に従う	机の組み立て：図解や説明書を何度も見て苦戦している
	155	規格，タイマーに沿ってスイッチなどの装置を操作する	未確認
職業行動	157	堅実に働く	体調不良が起こることがある
	158	一定の割合で働く	勤怠不良
	159	正確に課題を完成させる	体調により不安定
	162	他人の近くで働く	忙しい時に話しかけたり，何度も同じことを聞いたりする
余暇スキル	184	集団行事に参加する	待ち合わせに遅れてくる
	185	スポーツをする	フットサルが好きだが，最近あまりできていない
	187	新しい余暇活動を学ぶ	趣味はフットサルとパソコンで長年固定している
	191	ゲームの図や文書の指示に従う	図解を読み取るのが苦手
	192	定期的な運動	気が向いた時にフットサル，それ以外はPCで部屋にこもりがち

機能的コミュニケーション	193	基本的な身体上のニーズを伝える	自分の不調に無頓着。気づいたら症状が出ている
対人行動	206	慣れた人々に好ましい行動を示す	慣れてくると失言が多い。話が冗長になる。対人距離を縮めすぎる
	211	グループ活動に参加する	マイペース。役割や周囲の動きを意識して動くことが難しい
	212	特定の人々との仲間意識を求める	仲良くなろうとするが，距離を詰めすぎて，ぶつかることも多い

２．個別支援計画書の作成

　アセスメントの結果からアツシさんの課題を整理して個別支援計画を作成した。当事業所の個別支援計画書は７つの領域ごとに「現状」と「目標」を対応させて明記し，目標に対して「本人が取り組むこと」「支援者が取り組むこと」「達成期間」を記載している（表22）。表21で挙げた「芽生え」評価がついたスキルのうち，支援の優先度と照らし合わせて課題となるスキルをスタッフ間で検討して抽出した。たとえば，アツシさんは在職中，趣味のパソコンに夢中になりすぎて夜更かしをしてしまい，休日明けに体調を崩して勤怠不良に繋がることが多かった。特にストレスを感じるとこの傾向が強くあらわれ，「ストレスを感じる」→「夜更かしをする」→「勤怠不良（欠勤, 遅刻, 早退）」→「注意される，職場に行きづらくなる」→「ストレスを感じる」→…という悪循環に陥ってしまう。短期間で離職した会社はいずれもこのパターンによって職場をフェイドアウトし，離職に至っていた。そのため優先順位の高い課題として「睡眠・入浴時間の安定」（領域：自立機能），「余暇活動のパターンを拡げ，ストレス対処法を身につける」（領域：余暇スキル）を目標とした。また学生時

代から苦手意識がある対人関係については，初対面や慣れない相手とのトラブルは少ないが，日常的にかかわりのある職場の同僚や，親しい友人との間でトラブルが起きやすいという事実に注目し，関係性にかかわらず「誰に対しても初対面の時のように丁寧に接する」（領域：対人行動）という目標を挙げた。

表22　アツシさんの個別支援計画書

領域	現状	目標	目標達成のために取り組むこと（行動）		目標達成期間
			本人の役割（利用者側）	支援者の役割	
職業スキル（仕事や作業に直結する技能）	①パソコンのタイピングミスが多い。②事務職を目指しているが，実務スキルがどの程度なのか未知数。	①タイピングミスを少なくする。②自身の事務スキルを具体的に把握し（何ができて何ができないか），新たに身につける事務スキルを明らかにする。	① MIKAタイプとOA入力を使い，日々ミス率を記録していく。② Word，Excelのテキスト演習に取り組むことに加えて，スタッフの事務補助に取り組む。	①記録を共有し，ミスを減らすための対策を一緒に検討する。②事務職に必要なタスク（コピー，メール，ＰＤＦ，電話対応等）をリストアップし，それに基づき事務補助を依頼し実務レベルを記録，把握する。また適宜フィードバックする。	3か月
職業行動（職場でのルール，マナー，報連相など）	遅刻や欠席の連絡が適切にできないことがある。	遅刻や欠席がわかった時点で，できるだけ早く連絡ができるようになる。	欠席および遅刻の連絡の時の「セリフ」を事前に用意しておき，いざと言う時に活用する。	連絡の有無を把握する。連絡が有った場合は入電の時間を記録しておく。	3か月
自立機能（日常生活に必要な能力）	①睡眠のリズムが安定していない。②入浴をさぼることがある。	①就寝23時（日〜木），起床7時（月〜金）を目指す。②入浴時間は21時〜22時の間に入る。	①②スマートフォンのアラームをセットし，ルーティン化する。また，目標時間に対しどうだったか毎日記録する。	①②定期的に本人と一緒に記録をもとに振り返りを行う。また，本人の了解を得てグループホームのスタッフと目標について共有し，協力を仰ぐ。	3〜6か月

余暇スキル（職場の休憩時間や休日を適切に過ごす能力）	余暇活動のパターンが少なく，ストレスを発散させる方法が乏しい。運動不足も気になっている。	余暇活動のパターンを拡げ，ストレス対処法を身につける。運動不足を解消する。	・ヨガ講座やストレッチ講座に参加し，身体を動かしながらリラックスするスキルを身につける。 ・土曜の特別開所に参加する。 ・エレベーターではなく階段を使う。バス停を1つ手前で降りて歩くようにする。	・講座の提供のほか，定期面談にて本人のストレス状況を把握する。何にストレスを感じやすいのか，その前後の行動などを聞き取り，適切な方策を一緒に考えてフィードバックする。	3～6か月
対人行動（他者と関わる能力，集団行動，協調性）	言葉遣いや態度が丁寧で初対面の印象が良いが，仲良くなったり相手に慣れてくると，だんだん崩れてきてしまい，相手との誤解や行き違いが出てくる。	どの利用者，どのスタッフに対しても，初対面の時のように丁寧に接することができる。	・ビジネスマナー講座およびJST講座に出席し，改めて職場の対人行動スキルについて学ぶ。 ・対応に困ったり，行き違いや誤解が生じたらすぐにスタッフに相談して状況を共有する。また「どうすればよかったか」を自分なりに記録しておく。	・講座参加に応じて面談を行い，講座での気づきや感想の聞き取りを行う。その際，どのような場面で対人課題を抱えやすい傾向か把握する。	3～6か月
自己理解・障害特性理解（ストレス対処法・セルフモニタリング）	体調不良のサインを把握しておらず，気づいたら発作を起こしていることがある。	①体調不良のサインを把握する。②サインに対応する対処法を考える。③サインが表れたら対処法を実践する。	・体調不良のサインで思い当たるものを書き出し，面談時にスタッフと共有する。 ・母親やグループホームのスタッフ，友達など周囲の人に自分の体調不良のサインについて聞き取りを行う。	・体調不良のサインについて，本人のアイディアや周囲から聞き取った内容を共有し，整理する。 ・対処法について本人と話し合いながら検討する。	3か月

就労支援の実際①「余暇活動のパターンを拡げる」

　本人が趣味として挙げているのは，学生時代から続けているフットサルとパソコンの2つ。フットサルは所属するサークルでの人間関係が原因で最近はほ

とんどやらず，余暇のほとんどはパソコンに費やしていた。こちらがいろいろな余暇活動を提案しても本人の興味がなければ取り組むまでには至らないため，本人の趣味である「パソコン（ブログ運営，SNS）」と連動させて余暇活動のパターンを拡げていくことを検討した。まず，SNSで「発達障害当事者の人の余暇の過ごし方についてのアンケート」を実施，さまざまなアイディアを募り，その中からいくつか実践してみて，その様子をブログに執筆しアップするという流れを本人と一緒に考えた。もともとアツシさんは好きなものが限定されており，新しいアイディアを柔軟に受け入れることが難しかったが，この方法であれば「ブログにアップするネタが得られる」ことがモチベーションとなり，新しい活動を実践することができた。結果的に，余暇の過ごし方の幅を拡げることができた。さらに，以前までは事業所内の休日イベントなどにはほとんど興味を示さなかったが，ブログ執筆の動機づけにより能動的に参加する姿が見られるようになった。

就労支援の実際②「睡眠・入浴時間の安定」

　アツシさんが入居するグループホームでは就寝時間，入浴時間が決められていたが，趣味のパソコンに夢中になり，たびたび時間を超過してしまうことがあった。リマインドとしてスマートフォンのアラームを設定しても，パソコンをしているとアラーム音を止めるだけで活動を切り替えられずに再び続けてしまっていた。そこで一般的なアラームではなく「カウントダウン式タイマー」を使用してもらうことにした。常に傍らに置いておくことで時間の経過が可視化され，残り時間を意識して自立して活動を切り替えられることを目的とした。入浴時間については改善が見られたが，就寝時間についてはタイマーをかけ忘れることが多く再検討の余地が残った。

就労支援の実際③「誰に対しても初対面の時のように丁寧に接する」

　他者との対人トラブルになるきっかけは雑談中であることが多く，自分の話したいことを一方的に話してしまい，相手が話題を変えたがっていることに気づけず「話が長い」「空気が読めない」などと注意や叱責を受けることがあった。本人もこの傾向を他者から何度も指摘されて自覚しているが，いざ話し出して

しまうと自分で気づくことが難しいとのことだった。そこで，まずはアツシさんと他者との雑談を可視化し，本人へフィードバックする支援を行った。フィードバックでは，自分と相手が話す量のバランス，質問への応答がずれていないか，話題が脱線したままになっていないか，などのポイントで確認した。以来，特に LINE やチャットといった SNS 上でのやりとりでは上記のポイントについて十分に見直してポイントを確認してから送るようになり，他者との関わり方に変容が見られた。

３．就職先の選定

　就職先を選定する段階となり，本人のスキルだけでなく職場環境についてもアセスメントすることが必要になった。アツシさんの場合，４年以上勤続した会社と半年以内で離職した３つの会社の環境を比較することで，適応しやすい・しにくい環境条件を明らかにし，長く勤められる就労先を検討することが狙いだった。そこで，これまで勤務してきた４社について「職場環境アセスメントシート」を使い，本人と共にチェックを行った。このシートは TTAP 電子版に掲載されている「実習場所分析書式」をもとに項目から構成し作成した（図8）。できあがった各社のシートを比較したところ，半年以内で離職した３社いずれにも共通している環境条件があり，勤続できた会社と比較すると環境が異なることがわかった（表23）。

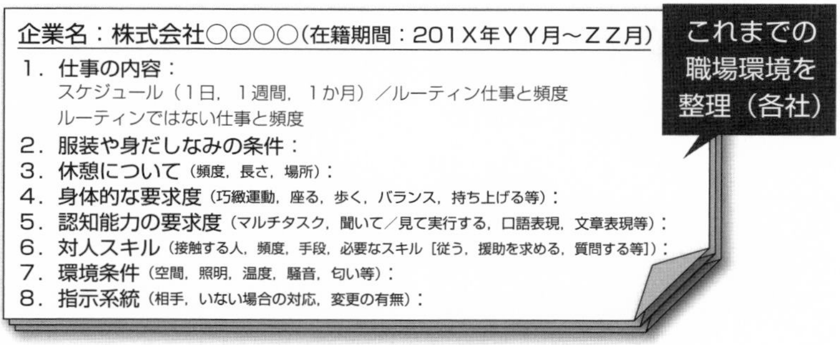

企業名：株式会社○○○○（在籍期間：201X年YY月～ZZ月）

これまでの職場環境を整理（各社）

1. 仕事の内容：
   スケジュール（1日，1週間，1か月）／ルーティン仕事と頻度
   ルーティンではない仕事と頻度
2. 服装や身だしなみの条件：
3. 休憩について（頻度，長さ，場所）：
4. 身体的な要求度（巧緻運動，座る，歩く，バランス，持ち上げる等）：
5. 認知能力の要求度（マルチタスク，聞いて／見て実行する，口語表現，文章表現等）：
6. 対人スキル（接触する人，頻度，手段，必要なスキル［従う，援助を求める，質問する等］）：
7. 環境条件（空間，照明，温度，騒音，匂い等）：
8. 指示系統（相手，いない場合の対応，変更の有無）：

図8　職場環境アセスメントシート

表23　アツシさんが適応しやすい・しにくい職場条件

環境条件	適応しにくい（半年で離職）	適応しやすい（勤続4年）
物理的空間	フロアにデスクが密集している（隣や後ろと距離が近い）	フロアが広く空間に余裕がある／デスクの間に低いパーテーションがある
音	電話が頻繁に鳴る（気になる）．電話の声が大きい人が近くにいる	電話は鳴るが，フロアが広いので音が気になったことがない
指示系統	指示者が忙しく離席や電話が多い（すぐに質問できない）	指示者がほぼデスクにいる（すぐに質問できる）
仕事の内容	短い納期の仕事が入れ替わる	長い納期の仕事にじっくり取り組める

　自身が適応しやすい・しにくい環境条件を明らかにしたところで，アツシさんは応募する求人の検討を開始した。従来は求人票を見る際に「仕事の内容（パソコンを使う仕事）」，「勤務形態（フルタイム）」，「給与」，「勤務場所」といった項目をチェックして応募していたが，以降は環境条件について事前に確認するなど，自分に合った職場環境かどうかを勘案してから応募するようになった。最終的に候補の中から，卸売業を展開する企業が募集していた「在宅勤務」の職種を選び応募，就労を決めた。

4．定着支援の実際

　勤務時間は1日6時間（うち昼休憩1時間）。業務はデータ入力をルーティン作業として取り組み，たまにインターネットを使ったリサーチ業務などスポット業務が入る。勤怠報告や作業指示など，会社とのやりとりはすべてメールで行い，月1回程度，本社に出向いて対面での面談を行う。アツシさんが適応しづらい環境条件である「音」，「指示系統」，「仕事の内容」は在宅勤務では

クリアになったが,「物理的空間」については新たな課題が出てきた。在宅勤務のため自室で仕事をするのだが, 仕事, 休憩, プライベートの線引きが曖昧になってしまう場面が増えてきた。たとえば, 仕事中にベッドで休憩してしまうと, そのままだらだらと休んで業務に戻るのが難しくなったり, 反対に業務時間外に趣味でパソコンをやっている時についでに仕事をしてしまったり,「活動の切り替え」が新たな支援目標となった。そこでアツシさんの自室の間取りについて, 活動ごとに場所を対応させ, 物理的に空間を仕切ることを提案し実践した (図9)。仕事をするスペースとプライベートのスペースをカーテンで仕切り, 更に仕事中に休憩をする場合は自室の外へ出てグループホームの共有スペースでとることとし, 活動の切り替えを図った。 現在もグループホームのスタッフ, 相談支援事業所, 保護者とも支援課題を共有し, 連携して定着支援を行っている。

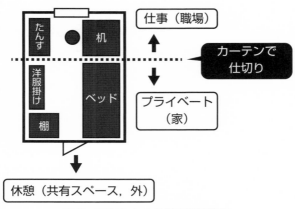

図9 アツシさんの部屋の間取り

5. まとめ

　アツシさんへの支援を通じて, 高機能 ASD 者への就労支援における「自己理解支援の重要性」について改めて実感した。アツシさんは自身のことについていろいろなエピソードを語ることはできるが,「そこから何を学んだか？」,

「次の就職活動に生かせることはなにか？」と聞かれると具体的に答えること が難しく，情報（エピソード）を客観的に整理することが苦手だった。自身 の特性についてまとめきれていないためにワンパターンの就職活動となって しまい，適応しづらい職場を繰り返し選び続けた結果，短期間の離職を繰り返 すことに繋がっていた。今回の支援では情報を客観的にまとめる一つの手立て として，客観性のあるアセスメントツールを使うことで自己理解が促進された。 また，アセスメント結果から立案した計画に基づいて支援を実践することで， 本人も納得して支援や訓練を受けることができた。すべてのケースに言えるわ けではないが，高機能 ASD 者の中には，コミュニケーションの行き違いを繰 り返したために他者から指摘されることに強い抵抗を感じ，素直に聞き入れる ことが難しいケースがある。就労支援の中では，時には本人にとって“耳が痛 い”ことを指摘しなければならない場面が出て来るが，それが時として本人の 拒否感を呼ぶこととなり，かえって支援が進まないことにもなりかねない。よ り受け入れやすいフィードバックのやり方はいくつか考えられるが，根拠のあ るアセスメントツールを活用することも一つの手法ではないかと考える。客観 的な情報を提示し，本人が納得して支援を受け入れていくことが重要だとアッ シさんのケースで改めて教えてもらったと考えている。

（上原深音）

就労移行支援事業所での経験を通して，不安とつきあいながら自分にあった職場を見つけた事例

　本事例は，大学生活の途中で不適応状態となり，迷い悩んだ末に休学を決断。これからの将来を具体化していくために就労移行支援事業を利用。1 年半の利用期間の中で，自分に適した職場環境や業務内容はどのようなものかを模索し不安と葛藤しながら，社会人として歩みだしている事例である。

【支援の実際】

ハルカさん　22 歳　女性　自閉スペクトラム症

　20XX 年 3 月大学 2 年生の終わりに，当社が主催するコミュニケーションの苦手さや発達障害学生向けの就職相談会に両親とともに参加。大学は理系コースで，2 年生から始まった実験やレポートの数々に追われ，学業面でストレスをきたしていた。加えて，女子大であったことから周囲の女子特有のグループでのつきあいについていけず「輪に入れない」と悩みを抱えていた。それらのことが重なり過呼吸や震え，声が出なくなる等の身体症状が現れたことから，両親もこれ以上無理はさせられないと判断。ハルカさん自身も自身の特性や，この先のゼミや卒論を考えると続けていくことは難しく感じ，いったん休学をすることを決める。休学を決めたものの，この先何をどのようにしていったらいいのだろうかという状況での相談であった。

　ハルカさんは弱々しい声ではあったが礼儀正しくハキハキとお話ができる。これまでの経緯を聞くと，自分でタイプしてまとめた文書を見せてくれた。そこには，大学で困っていること，もし大学を続けた場合の不安，辞めた場合の不安，迷っている理由がまとめられていた。

　学齢期から心配性が強い傾向があり，忘れ物をしていないかを何度も確認することがあった。中学入学後，友人づくりに苦労し，集団に入れないことや見えないものに対しての不安が高まり深読みや詮索をすることなどがあり，受診

に至り高機能自閉症と診断を受ける。勉強に関しても、兄弟が父から怒られている姿を見て、ちゃんとしなければという気持ちが強まり必死に頑張った。特に数学や化学など、答えが明確に出るものを好んだ。大学への進学も受験科目で決め、周囲のイメージ通りの自分でいなければという観念が強まっていった。

大学では、先述した実験でとても苦労をした。何が起こるかのがわからず予測が立てづらいことや、グループ（班）単位での実験になるため、どんな人と一緒になるかがわからない等、実験そのもの以外のところでも心労があった。

また、文字情報がぎゅっと詰まったものの読み取りが苦手、タイピングの音や鉛筆の筆跡音などにも過敏でストレスに感じやすかった。対人面でも、友人がいない、自分から挨拶をすることができない、人目を気にし過ぎるなど、複数の悩みと不安が大きく、疲れ果てた状態であった。

1．就労移行支援事業所エンカレッジを利用開始

大学での実験や求められるレポートなどによるストレスから解放され、新しい進路を決めたとはいえ、ハルカさんの気持ちはすっきりクリアではなかった。大学の最寄りのターミナル駅と同じ駅に当社就労移行支援事業所があることから「大学の誰かに見られていたらどうしよう……」という不安は継続してあった。在学中から精神保健センターによるカウンセリングを開始しており定期的なサポートを受けていた。知能検査の結果を、ハルカさんの悩みごとと重ね、丁寧に解説をしてくださっていたことは、ハルカさん自身の理解が深まる契機になった。

ハルカさんは、完璧を目指しどうしても頑張ってしまう。頑張っていない自分はダメな人間だと思い込んでしまう。まずは、自分のペースで取り組み、自信をつけていくこと、自分のストレスや苦手なことへのつきあい方を一緒に検討し、日常の中への実践に導いていった。

例えば、読み飛ばしのための工夫としては、今読んでいるところに定規や無地の紙をあてながら読み進めていくことを取り入れた。

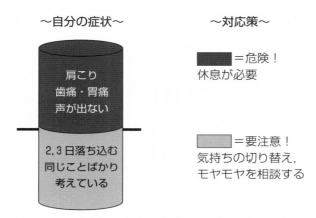

図10　ストレスのバロメーター表

　また，ストレスに対しては，これまでの生活環境と大きく変わるが，どのようなことが自分のストレッサーになっていくのかを探りながら，自分の身体症状に対しての対応策を図示（図10）し，自分を大切にしていく方策を実践していった。

　利用開始から1か月ほど経過し，プログラムや周囲の環境にも慣れて来た頃，ハルカさんにとって見習いたい憧れの先輩利用者Sさんの存在が目に留まる。こういう言動ができたらいいな，こんなふうになりたいというロールモデルができたことは大きい。このことがきっかけとなり，ハルカさんは変化していった。憧れのSさんがグループワーク等でリーダーとなり，話し合いのまとめ役や状況の整理，順番に意見を引き出す姿を見て，ハルカさんも自分もリーダーをやってみようと前向きな行動が見られ始めた。幸い当社のプログラムはほとんど毎日の講座中グループで話し合う場面があることから，昨日の失敗は明日へのチャレンジへとつながっていった。またこの間，勉強熱心なハルカさんは日商PC検定も取得。この頃，ハルカさんからの発信で「人間らしい生活に感じてきた。これからは余暇も充実させていきたい」という言葉があった。

　この頃，自分から挨拶ができないことが課題であったが「すれ違いざまに挨拶する」ことができるようになっていった。

初めての実習

　事務的な業務で，環境は穏やかでこぢんまりしていて，各自が淡々と業務を進められる雰囲気が好ましいだろうと見立てた。利用を開始して約半年後，初めての実習先が決まる。IT関連Ｃ社での事務補助業務（アプリでの名刺スキャン，プログラミング教室の名簿入力，資料印刷等）で５日間行った。実習の目標として，①自分から不明点を質問する　②自分から事務所全体に挨拶する③５日間やり通すということを掲げ，挑んだ。

表24　実習の目標と結果

実習の目標	1日目	2日目	3日目
①　自分から不明点を質問する	×	○	○
②　自分から事務所全体に挨拶する	×	×	○

　１日目は緊張が高かったが，２日目からは業務を教えていただく女性のスタッフさんに声をかけ質問することができた。挨拶についても，環境に慣れるにつれてできた。当社就労移行支援事業所でできていることが，実習先でもできたことは大きな自信につながった。早速，次の実習の希望として，自分の対応力を広げるために「ザ会社」という雰囲気の中で働いてみたいという意欲も高まった。

２回目の実習

　翌月，運よく次の実習先へ。人材紹介業のＭ社で，入力補助業務で５日間の実習を行った。この職場は，広いフロアに各部署がシマになった座席の配置で，電話も会話も飛び交う。ハルカさんの得意とするエクセルでの入力業務を中心に取り組み「働くってこんな感じかなという感覚がつかめた。テキパキ働いている人がいて，あんな風になりたいと思った」と感想があった。

　このような経験があり，その年の暮れに退学をする決意が固まった。年明けには求職登録もし，これからの就職に向けての見通しをハルカさん，ご家族と

共有をした。いま見えている希望として，事務補助でPCを使って取り組めるもの，単調過ぎるものより試行錯誤できるような内容がほどよく集中できる，周囲に理解してもらえる人がいることがあがった。

3回目の実習

次のステップとして，事務でフルタイムに近い時間帯で自分の体力や集中力の度合いを確認していくことを目的として実習先を検討した。製薬会社のC社から採用相談があり，ハルカさんの条件ともマッチすることからC社での実習が決まった。C社は人事部の中で障害のある方が実務経験を積み，他部署へ活躍の場を広げる体制をとっている。近年発達障害の方の採用に力を入れている。

私たちとしては，ハルカさんの前向きさや，気づきを改善へと修正していける力をアピールポイントとして伝えた。

実習後の振り返りでは，多くの方とのコミュニケーションがとれており，事前にメモで整理をしてから伝えることができていたことを評価いただき，課題として，業務をやり切りたい気持ちが出ているため，途中でも区切りをつけていくことも練習していきましょう，というフィードバックであった。

C社から，ハルカさんの採用見極めの実習の提案をいただいたが，ハルカさんとしては，C社しか見ていない中で決められないという大きな迷いがあった。ハルカさんの立場に立てば「自分にあっているか」を検討するための材料や比較がない中で，この先長く働き続けられるかの決断をしなくてはならないのは酷な話である。支援側としても，いい話なのにもったいないと言いがちではなかろうか。ハルカさんや家族の意見を尊重し，間を置かずにD社での実習を調整した。

２．自分にあった職場選択に向けて

D社は精密機器メーカーで，検査に付随した事務業務や机上での検査補助を含めた業務内容で，環境的には一人で黙々と進めるような環境であった。また，メーカーなので規律が細かい面もあり，制服がある。そのような社風の違いや

環境の違い，業務の違いを経験することで，ハルカさんはC社での採用前提の実習に進むことに決めた。ハルカさんの雇用前実習は17日間で，ハルカさんもC社も今後一緒に働くことを想定しての実習となった。ハルカさんは1回目の実習を踏まえ，時間を意識して行動すること，相手にわかりやすく伝える工夫をする，実際に働くということを意識するという3つの目標のもと取り組んだ。その中で「内線電話に出る」という新しいチャレンジがあった。当然ハルカさんは「私にうまくできるかな……」と不安が大きかった。職場の方に「電話対応が仮にできなくても，他にできる業務を一生懸命取り組めばいい」とアドバイスをいただいたことがきっかけとなり「できないといけない」→「まずはやってみて，それから検証すればいい」というスタンスに替えることができた。

　20XX年10月，ハルカさんは晴れてC社に就職が決まった。ハルカさんがC社に決めた理由は，下記の通りである。

　　　・安心できる環境（社内に障害について理解のある方がたくさんいる）
　　　・実習で自分が「成長できた」と感じることができた
　　　　　－自分から自然と挨拶ができるようになった
　　　　　－避けてきたこと・未経験のことにチャレンジできた
　　　・自分が携わった業務が周囲の方に役立っていると感じ，うれしかった
　　　　　－自分を必要としてくれていることを感じ，それがとてもうれしい

　「ここからがスタートだと思う」という決意と共に，ハルカさんの清々しく自信にあふれた姿を見送った。

3．定着支援の状況

　現在の定着支援は，ハルカさんが仕事帰りに当社に立ち寄り面談をし，内容をメールでC社ご担当者に共有。不安が増幅しそうな場合，早めに職場訪問をし，状況を報告するようにしている。ハルカさん自身，定期的にいまの自分の状況をアウトプットすることが，自分の整理につながっているようだ。

　就職して2年半が経過し，人事部から法務部への異動が決まりハルカさんの

新たな春がこれからスタートする。

４．本事例のまとめ

本事例の支援のポイントは下記の通りである。

◆自分を知りたい・理解したい気持ちにこたえる／一緒に向き合う

◆自分のストレス要因や不安，考え方の癖への向き合い方を探り，対応策を
　立て，実行できるようにサポートする

◆完璧主義で自己評価と他者評価のギャップを感じやすいため，職場の上司
　や支援者からのフィードバックの機会を定期的にもつことがギャップの解
　消となる

◆少し上の目標設定とその達成が成長意欲へとつながる

（高橋亜希子）

大学を卒業した高機能ＡＳＤ者のコミュニケーション支援 ―就労移行支援事業所と企業現場における取り組み

就労移行支援事業所を 11 か月利用し，物流会社の商品の仕分け作業で就職した事例である。WAIS-Ⅲは平均以上の結果を示している者で，ハードスキルの支援はほとんど必要としなかったが，ソフトスキルのアセスメントと支援は必要なケースであった。高機能，高学歴であってもソフトスキルの支援が必要であることを報告する。

【支援の実際】

1．方法

対象者：ユウタさん（仮名），50 代男性。国立大学を卒業。

診断；ASD（2019 年），アスペルガー症候群（2005 年）　手帳；精神障害者保健福祉手帳 3 級。

WAIS－Ⅲ；FIQ 111, VIQ 112, PIQ 108, VC 111, PO 110,WM 119, PS 102

2005 年の診断は地域のメンタルクリニックにおいて問診のみの診断，2019 年は地域の中でも精神医療の中核を担う医療機関で問診と WAIS－Ⅲを受け診断に至っている。二度目の診断では，他者の意図や感情が読み取りにくいことを指摘され ASD の診断となる。

大学卒業後，紡績会社で保全業務（メンテナンス・清掃）に従事するが，大学時代に教職を志しており，教鞭を執りたいとの思いから 1 年で離職。3 年間の講師期間を経て工業高校に教諭として採用される。担任を持つこともあったが，臨機応変な対応の難しさや年度末の成績付けでミスが生じるなどトラブルが多く，15 年間で 2 つの工業高校に勤務した後，支援学校へ配置転換となった。支援学校の在籍時代から自分自身で「何らかの障害かもしれない」と感じてお

り，2005年に精神科でアスペルガー症候群の診断を受ける。診断後は落ち着いて仕事ができる環境の方が良いと考えハローワークで転職活動を行った。しかし，当時は発達障害者支援法が施行された年であり，ハローワーク担当者の発達障害に対する障害理解が乏しく，教諭を続けることを勧められている。

　ハローワークで転職活動の支援が受けられなかったため，支援学校での勤務を継続し，当時の上司に診断結果を伝え相談しやすい体制が整えられた。

　ユウタさんは教材作りなどで創意工夫することは得意で意欲的に取り組むが，その内容を相手に上手く伝えられない，自分は一生懸命に働いているのに上司や同僚に理解されていないなどの思いが募り，メンタル不調が生じる。また，帰宅間際に緊急の業務を指示されたことでパニックになった。その後，数年間の休職期間を経て離職。2019年に改めて精神科を受診し，ASDの診断と障害者手帳の取得を行っている。ユウタさんはこの経緯について「学生時代はある程度の能力があり，大学を卒業することは問題がなかったが，就職をして初めて壁にぶつかった」「自分の障害が分からない時は悶々とした毎日だったが，診断を受けたことで周りの霧が晴れた様な気分だった」と前向きに受け止めていた。

　離職後，社会復帰を考える中で地域の障害者就業・生活支援センターで就労系福祉サービスの利用に向けての相談を行う。本人が一般企業での就労や得手不得手の整理から行うことを希望したため，支援センターが就労移行支援事業所・クロスジョブを紹介し利用に繋がった。

２．手続き

（１）就労移行支援事業所の利用開始

　平日の週5日，9時00分〜16時00分で訓練を実施する。事業所内訓練では，軽作業，パソコン作業，ワークサンプル幕張版（MWS）を活用しアセスメントを行い，週1回の個別面談で訓練の振り返りや課題整理を行っている。

（2）事業所内訓練でのアセスメントと支援

ア　ワークサンプル幕張版（MWS）ピッキング‐訓練版

　レベル１～５を実施。すべてミスなく作業を行い，作業速度は平均値を上回っていた。ユウタさんは「黙々と作業ができた」，「地図を覚えるのが得意なので，商品の位置も記憶しやすかった」と感想を述べている。

　作業については好結果であったが，注文書の「作業担当者名」の記入漏れ（図11）や作業に集中しすぎることで振り返り時間を忘れることがあった。対策として，作業手順と時間を書き出し，目に見えるところに置くことで，作業中も意識がしやすいように工夫を行った（写真１）。

注文書		
1	鉛筆	8本
2	目玉クリップ	7個

　□実施日　：
　□作業時間：

作業担当者名	検品担当者名

図11　MWSピッキングの注文　　　　写真１　スケジュール
（写真１：荷物入れの箱に手順書と面談や振り返り時間の張り出しを行った）

イ　コミュニケーション；報告・連絡・相談

　「報告を行わないといけない」という意識はあるが，相手が取り込み中であっても自分の話をし続けることや休憩時間など枠組みが明確でない時間帯は突発的に相手に話しかけることが多かった。前職でも同様の状況があり，上司や同僚から疎まれる，叱責を受けたことでメンタル不調になっていたことを確認する。アスペルガー症候群に特化した就労支援プログラムである

ESPIDD の職場実習アセスメントシートに基づいた評価を表 25 に示す。

表25　事業所内訓練でのアセスメント

項目	自己評価	支援者計画
2－④　暗黙のルール	×	×
2－⑦　休憩時間を適切に過ごす	△	△
4－③　他人を意識して行動する	△	×

　面談では，相手に話しかける時の手順やルールを明確にし，落ち着いてコミュニケーションが取れることが増えている。訓練中の報告の手順は，①相手の近くまで行く（片腕分の距離），②「〇〇さん，今よろしいでしょうか」と伝える，③（相手の返事・反応を待つ），④自分の要件を伝えることで，訓練以外の時間帯も手順は訓練中の①〜④と同じである。ただし，昼休みに相手が食事をしている時間帯は訓練の相談を避けること，相談がある時は休憩終了の10分前を目安に相手の状況を確認することを助言した。面談中はユウタさんの言葉を必ず文章に書きながら提示を行い，説明中に混乱したり，気持ちが高ぶった際も文章を読むことで状況を客観視しやすくなっていた。また，目に見えない相手の気持ちなどは支援者が絵を描くことで見える化を行った（写真2）。

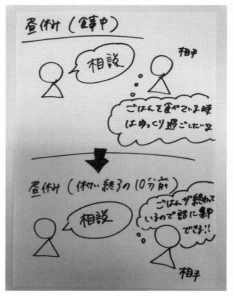

写真2　昼休みの相談ルール

相手の思いを絵にすることで，ユウタさんからは「仕事の相談は大切だけれど，相手が話を聞く状態になっている時に話しかけた方が良いと思った」「せっかく相談をしても嫌がられてしまっては逆効果になるので，タイミングが大切だと思った」と気付きを深めることができている。

ウ　コミュニケーション；人づきあい
　ユウタさんの趣味は写真撮影で，休日になると外出をして写真を撮っていた。自分の写真を人に見てほしい気持ちが強く，現像した写真を支援者に配って感想を求めることがあった。このやりとりはユウタさんが出掛けるたびにあり，一度に手渡す写真も複数枚であったことから面談で整理を行っている。
　支援者からは，「ユウタさんの写真を見られることは嬉しい。しかし，会社の人間関係で形に残るモノを貰うのはその後のモノの管理に難しさがある」ことを伝えた。また，今までユウタさんから受け取った写真の数をすべて伝えるとユウタさんは「こんなにたくさんの数を渡していることに気付かなかった」と状況把握をすることができている。
　ユウタさんには写真撮影や外出は素晴らしい余暇であることを伝え，写真を公表する場として就労移行支援事業所のホームページにある「利用者日記」というブログページを活用することを提案している（写真３）。ホームページ上であればモノとして形に残らず，かつ幅広い人に自分の作品を見てもらうことができるため，ユウタさんはこの取り組みを新たな楽しみとして見出すことになった。取り組みを続ける中で，他の訓練生からユウタさんに対して，どこで写真を撮ったのか，写真を撮るポイントは何かなどの話題が挙がり，人づきあいの幅が広がっている。

台風一過の日曜日に秋季大祭が行われました。私が住んでいる泉大津市の穴師地区では泉穴師神社の飯之神事は、祭りの本来のかたちを伝えるものであり、今では他の地域では見られないたいへん珍しい神事なので紹介したいと思います。

神事が始まった由来といえば、聖武天皇のころ（740年ごろ）、干ばつのため凶作が続き、人々は餓死寸前に陥った。このとき天皇は霊夢によって米を和泉五社に供え、余りを民に施されたところ、たちまち雨が降り出し、人々は飢えから救われたという。その後これを祝い、今日に至るまで、毎年米の収穫期に、だんじりに飯の山を盛って神前にささげるようになったそうです。そして、おさがりを甘酒にして配ります。

他の地区のだんじりと違って、飯之山神事のなかで行われる渡御では、穴師地区の四町のだんじりを先頭に、飯之山だんじり、天狗さん、獅子2頭、お神輿などの行列が見られるのがおすすめです。

写真3 「利用者日記」に掲載したユウタさんのブログ
文章，写真ともにユウタさんが作成されたものである。

（3）企業実習

利用開始から4か月目に特例子会社において10日間の体験実習（8時30分〜17時30分／実働8時間）を設定する。仕事内容は英数字の入力，DM作業（ラベル貼り，数量チェック）などのオフィスワークである。

実習中は周囲の状況に影響されることなく作業することや事業所内訓練で練習してきた報連相の手順を守ることができている。しかし，ミスが生じ，従業員に報告した際，「確認をするのでその間は待っておくように」と指示を受けるが，時間が勿体ないと感じ自己判断で作業を再開した。また，昼休みに役職者に対して，私的な質問を含む雑談を持ちかけることがあった。

企業評価としては，入力の正確性，スピード共に実習生としては平均以上の

成果を出しており，集中して作業ができていた。しかし，「自己判断の作業は重大なミスに繋がるので避けてほしい。待つことを指示された時は，『待つことも仕事の一つ』として認識してほしい」，「私的な質問で打ち解けることもあるが，初対面の人間には出身地，学歴，婚姻歴などの話題は出さない方がいい。この様な雑談は相手から聞かれた時に対応することが無難である」と助言を受けた。評価内容は企業から評価表を取りまとめてもらい，数値や文章として提示してもらった（表26）。

ユウタさんは実習後の振り返り面談で，①報告の仕方は事業所で練習をすることで習慣化ができた。事業所と場面が変わっても実行することができたので自信になった，②「待つこと」＝「サボること」という認識があったので勝手な判断をしてしまった，③職場での不適切な質問など考えたこともなかった。自分は私的な質問をされても嫌ではないが，嫌な人もいることを知れたとコメントしている。実習におけるアセスメントを表27に示す。

表26　企業からの実習評価表（一部抜粋）

項目	評価	コメント
上司や他の従業員に対するマナー	2	基本的な挨拶，報告はできているが初対面の者への対応として友達口調であることが目立つ。雑談の内容に気を付ける必要がある。
協調行動	2	自己判断で作業を行うことがあった。

（評価は1～4段階／1．できない　2．あまりできない　3．大体できる　4．できる）

表27　企業実習におけるアセスメント

項目	自己評価	企業評価
2－④　暗黙のルール	×	×
2－⑦　休憩時間を適切に過ごす	△	△
3－①　集中して作業に取り組む	○	○
4－③　他人を意識して行動する	△	△

（4）就職活動

　（3）の特例子会社の実習を含め3社目の企業実習に参加した後に就職活動を行う。ここまでの支援で見えてきた就労上の課題は，①暗黙のルールが分かりにくい，②休憩時間に人との距離感が近くなる，③他者のおかれている状況を把握しにくいことである。作業においては単独でコンスタントに取り組むことが得意であり，集中力に波がないことが強みであるため，対人接触が少なく，ある程度一人で作業を行える職種での就職活動を支援した。

　利用開始から10か月目に物流会社Xとコンタクトを取り，企業見学・体験実習（5日間）を実施する。X社は9時〜18時までのフルタイム勤務で，主に商品仕分けの業務を担当した。仕分けはJANコードの下四桁を目視で確認し，同一商品をコンテナに入れてレーンに流していく。1レーンにつき3名の従業員が配置されており，基本的には単独作業であるが，状況により同レーン内でヘルプを出し合うこともある。

　就労上の課題①について，業務面のルールは明確であり戸惑いが生じることは少なく，都度の報連相でカバーすることができている。業務以外のルールについてはユウタさんの上司であるキーパーソンから事前に説明をすること，同じ作業レーンにベテランの社員を配置してもらうことで何かあればすぐに対応できるようにした。キーパーソンからの説明は口頭指示であるが，ユウタさんがその内容をメモに取り，メモの内容に誤りがないか現場で確認してもらうことで正確な理解に繋げることができている。メモを取っている時は文字を書き終わるまで待ってもらう配慮を依頼した。

　また課題②について，休憩スペースは300名ほどが過ごすことのできる環境であり，集団で食事をするグループもいれば，単独で時間を過ごしたい人が集まるエリアもある。ユウタさんは私語が多くなると踏み込んだ話をしやすくなるので，昼休みは単独エリアで休憩を取ることをルールとして決め，昼休みの目的を①食事をする，②静かに過ごして体を休める時間にすることにした。休憩の目的を明確にすることで対人トラブルは生じていない。ただし，一人の時間が長すぎると孤独を感じやすいタイプでもあるため，支援者からはキーパー

ソンや社員に対して，ユウタさんが現場に戻ってきてから「体調はどうか」「仕事で困っていることはないか」など仕事に即した声掛けを行うことを依頼した。職場での関係性が希薄になりすぎないように，支援者が企業にアプローチした点である。

　課題②，③に共通するトラブルは社用バスでの通勤時に発生している。バスに乗車するのは多くが顔見知りの従業員であり，相手から話しかけられると嬉しさのあまり声量が大きくなることやプライベートの出来事を一方的に話し続けることがあった。その様子を見た他の従業員が，上司であるキーパーソンに「うるさい」と複数回苦情をあげることがあった。苦情があがればすぐにキーパーソンからユウタさんに報告があり，本人も注意するようにはしているが，今後はバスの中での過ごし方や通勤時のキーパーソンを設定することで，トラブルの防止に繋げていくことが必要であり，支援を継続していく点である。

　ユウタさんは会社での出来事，特に指摘されたこと，ミスをした内容は逐一支援者に携帯メールで報告を行っていた。会社での出来事を文章にすることで，自分自身で状況を整理し，客観的に振り返る助けになっていた。支援者からもメールで助言や注意点を文章で提示することで理解促進を行い，企業のキーパーソンにはメールのやりとりを報告することで，支援者と確認した内容が会社で実践できているか，また上手く実践するために会社内でサポートをしてもらうよう連携を行っている。企業支援では，支援者がすべてユウタさんの対応を行うのではなく，キーパーソンなどに対応の助言をすることでナチュラルサポートの形成を図ることを大切にした。支援者と企業が良好な関係を築くことで，企業側からも何かあれば連絡が入る体制ができ，問題が生じた際はできるだけ早く対応できるようになり，キーパーソンからは「アポイントを取らなくても近くに来た時にフラッと立ち寄ってくれればいい」と言ってもらえる関係が作れた。支援者と企業の関係性はユウタさんも把握されており，そのことも本人の安心感に繋がっている。

（5）考察

　高機能 ASD 者は一見仕事ができるように見えたり，本人の困り感を把握し

にくいことが多く，当事者自身も周囲と上手くいかない原因が掴みにくいことがある。また，対人コミュニケーションなど暗黙のルールは理解がしにくいので，報告の方法，時間の意味や目的を明確にすることが必要であると考える。ユウタさんの支援では面談を中心に整理を行い，その際はユウタさんの言葉を必ず文章に書くこととした。高機能であっても自閉症の基本的な支援は有効であり，文章での提示，メールのやりとりは理解促進において効果があった支援方法である。

　また，自分と他者の思い・感じ方の違いを知る機会を提供することはソフトスキルの支援を進めるために重要である。今回の事例において，（3）の企業評価では，他者を意識して行動することを深めることができた。また，趣味である写真の共有方法としてホームページを活用するなど，選択肢を提示することで本人が適切なコミュニケーション方法を習得する支援も必要であると考える。

　対人面については不適切な行動があってもそれを本人に言いにくいことがあるかと思うが，伝えなければ理解や学習はできない。支援機関や実習先の企業という安心して失敗できる環境で，この様な経験を積んでいくことがソフトスキル，とりわけ対人コミュニケーションの支援において重要であると結論付ける。

（砂川双葉）

第4章

高機能ASD者の
就労に必要な合理的配慮

高機能といえども ASD の人たちはコミュニケーションが苦手であったり，実行機能の弱さからプランニングなどの時間概念に困難を示す人がいます。また，環境の影響を受けやすいので，音や視覚刺激などの感覚の課題も存在します。それらの課題を定型発達者と同じように身につけさせるには限界があるので，そういった様々な課題を解決できるようなスキルを身につけさせるのではなく，そういった課題にどのように配慮すれば生きやすい，生活しやすい状況になるのかを考える必要があります。米国労働省の障害者雇用政策局が出しているリーフレット「合理的配慮と法令順守シリーズ（Accommodation and Compliance Series）」では，アスペルガー症候群等の高機能 ASD 者が働くうえでどのような合理的配慮が望まれるかについて提案されています。

1．職場でのコミュニケーション

　高機能 ASD 者は職場で同僚上司とコミュニケーションを取るのが難しい場合があります。たとえば，会議に参加しコミュニケーションを取らなければならない場合は，会議で話し合われる議題の内容を前もって高機能 ASD 者に伝えておくことによって会議で話し合う内容の見通しが持てて，安心して会議に参加できる可能性が高まります。

　会議でプレゼンテーションなど自ら話す必要がある場合には，不安を軽減するために会議の日程を前もって知らせておき，十分な練習時間を設けておくことも有効でしょう。

　それでも，口頭での発表に緊張感を示すようであれば，口頭での発表の代わりに文書で周知させることを許可してもいいと思います。さらに，緊張感や不安感が強い場合は，そういった感情を軽減または排除できるように，親しい友人や同僚に会議に一緒に出てもらって，友人や同僚から援助を受けるという方法も検討していいでしょう。

2．時間管理

　実行機能に障害がある ASD 者は，優先順位を付けたり，一つのことにこだ

わりが強いため変化に対応できないなどの特性があります。とりわけ急な変更などがなされると混乱することが多く，時間概念などのプランニング（計画性）の弱さを所持している人も数多く存在します。

　時間管理ができないと，指定された時間枠内で課題を完了することができない可能性があります。また，作業活動の準備や作業開始が難しい場合もあります。そのような場合，まず一つの仕事をいくつかの小さな内容に分割するとよいでしょう。時間がかかりすぎる場合は，一つの仕事を完了するために十分な時間を割り当て，その後にアラームが鳴るようにタイマーをセットします。

　優先順位がわからない場合は，行うべき仕事のチェックリストを提供する，IT機器の効果的な使い方を指導することによって優先順位を理解させることも考えられます。仕事を終わらせなければならない締切日がある場合は，壁掛けカレンダーを使用して仕事を終了しなければならない期日を強調するという手も使ってみるといいでしょう。

３．独特な身体の動き

　高機能に限らずASD者の中には，独特の身体の動きを示す人がいます。一般に常同行動と言われるこの身体の動きは，手をひらひらさせる（フラッピング），身体を前後（あるいは斜め）に揺らす（ロッキング）などの他に両手をたたく，顔をしかめる，手を上下に揺らすなどがあります。自己刺激行動と呼ばれることもあるこれらの動きは，自分の気持ちを落ち着かせたり，仕事に集中するのを助けたりすることもありますが，多くの場合，職場の同僚・上司にとっては奇異に見えてしまいます。定型発達と言われる人の中にも貧乏ゆすりをしたり，目をぱちぱち瞬きさせたりする人もいます。

　よって，このような身体の動きが生じた場合，そのような行動を止めるように指導するのではなく，休憩場所を提供するといった配慮も有効な場合があります。休憩場所で，手づかみボールなどの道具を使用して，感覚刺激の効果を提供できるようにすることができるからです。

　そういった活動が生じる時間が仕事を始めて１時間後あるいは２時間後など

とおおよそ把握できれば，その時間帯を特定し，持ち場から離れて定期的に休憩が取れるようなスケジュールを提供することで対応しましょう。あるいは仕事を行う場所を同僚・上司の邪魔にならないような作業場を提供することによっても解決できるでしょう。

そして，あまりにも常同行動が目立つために，職場で同僚・上司に抵抗があるようであれば，在宅で仕事できるように計らうことも一法です。

4．会社の構造，行動ポリシー，規律

高機能 ASD 者の中には会社の構造，責任の段階，報告要件，他の職場の構造要素といった抽象的な概念をわかっていないことがあります。

そのような場合，ASD 者の視覚優位な特性を活かして，視覚的な図を用いて明確なポジション，職場の構造を説明します。なぜなら，彼らは役職表だけで職場の上下関係などの仕組みを理解するとは限らないからです。

職務を遂行する上で，高機能 ASD 者がきちんと準備ができるように，上司はフィードバックを行うことが大切です。その場合，具体的な例を挙げて予想される行動，会社のポリシーに違反した場合の結果などを説明するとよいでしょう。

利用できるのであれば，従業員支援プログラム（EAP）を利用することも考えてみます。

（注）EAP とは

EAP（Employee Assistance Program: 従業員支援プログラム）とは，企業において労働者へ提供される，仕事の業績に関わるような個人的問題に対しての福利厚生ケアの総称のことを言います。

米国労働省によると，メンタルヘルス関連サービスの提供や医療紹介，薬物乱用やアルコール乱用関連サービスの提供や医療紹介，離婚や養育などの個人的な問題へのサービスや紹介，生活支援についての情報提供（老親介護やファイナンシャルプランニングなど），健康づくり支援（禁煙や減量など），キャリアカウンセリングなどの職業的支援などのサービスが提供されています。

わが国においても，従業員支援プログラムを担う企業内カウンセラーの導入が進んでいます。

5．ストレス管理

　仕事をする上でストレスが高まるのは致し方のないことです。高機能 ASD 者の中には，職場でのストレス管理がうまくできない人が定型発達者に比べ多い状況です。ストレスが発生する状況は人によって異なりますが，重い作業負荷，非現実的な時間枠，締切時間の短縮，または同僚との人間関係がうまくいかない場合などが含まれる可能性があります。

　仕事でミスをしたりわからないことが生じたりした場合，同僚・上司から叱責を受けるとストレスが溜まります。そのような状況では，叱るのではなく，「これはこのようにやればいいんだよ。」と具体的に仕事のやり方を指導し，うまくできたら「褒める」など肯定的な指導を行うとモチベーションが高まります。ストレス管理に関しても，先に述べた EAP のような就労支援機関に援助を依頼することもいいでしょう。同僚・上司のみで対応できない場合は，保護者や支援者に電話をかけることを許可しましょう。感覚過敏な場合は，感覚トレーニングを提供するのもいいし，職場が許せば犬や猫などのペットを連れてくるといった対応をする企業もあります。わが国では，短時間就労など勤務スケジュールを変更することによってストレスを軽減させることも検討していいでしょう。

6．感覚過敏性

　ASD 者の中には感覚が過敏すぎる，逆に感覚鈍磨な人がいます。よって，職場で肩をたたかれるといった身体接触，蛍光灯などの視覚刺激，人の話し声などの聴覚刺激，匂いなどに過敏に反応する人がいます。

　それぞれの感覚の問題について合理的配慮を考えます。

（1）嗅覚過敏の場合

　まずは，室内を換気し良好な空気質にすることが大切です。匂いのする製品がある場合は，その使用を中止することができればいいのですが，逆に調香師

や臭気判定士，食品や薬品等の研究者など嗅覚の過敏性を特技とした仕事に従事する人もいます。

　しかし，匂いが仕事に影響するようであれば，無香料の製品のみを使用する，無臭の会議室とトイレを提供するといったことが合理的な配慮であるし，それが難しいようであれば仕事をする場所を変更する，勤務スケジュールを変更することも検討すべきでしょう。

　ある程度，職場内で対応できるようであれば，外気をフレッシュにする，空気浄化システムを提供することによって無香料の職場ポリシーに改善できるかもしれません。

　以上のことを行っても対処できない場合は，在宅勤務を許可するといった配慮も検討しましょう。

（2）視覚過敏な場合

　高機能 ASD 者の中には蛍光灯のチラツキが見えてしまう人がいます。

　インバーター式の蛍光灯はチラツキが少ないようですが，それでも視覚過敏な場合は，蛍光灯以外の適切な照明に調整できるようにします。

　発達障害児の文字のずれを調整するアーレンレンズサングラスというものを装着することにより，蛍光灯のチラツキを遮断できる人もいます。

アーレンレンズサングラス

あるいは，壁で仕切られた場所を設置する，視覚刺激になるものを取り除く，視覚刺激が最小限になるようにオフィススペースを設定するなども検討します。

高機能 ASD 者のオフィススペースを視覚刺激のないプライベートエリアに移動させることも検討します。

極端な場合は嗅覚過敏の場合と同様に，在宅勤務を許可します。

（3）聴覚過敏な場合

高機能 ASD 者の人の中には，職場内の人の行きかい，同僚のおしゃべり，ファックスやコピー機の音などの一般的なオフィスノイズなどに耐えられないことがあります。

そのような聴覚に過敏な場合は，防音効果のあるイヤマフを付けるというのも考えられますが，そうすると同僚・上司から話しかけられた場合反応できないので，周りの雑音のみ消去でき会話が可能なノイズキャンセリングヘッドホンを着けるといいでしょう。

ノイズキャンセリングヘッドホン

人によっては，気を散らす音を避けるために，逆に心地よい環境音を提供できるようにイヤホンで音楽や川の流れ，ホワイトノイズマシンなどの音を聞くと集中できるという人もいます。

職場環境そのものを改善するためには，オフィスの機械音，設備音，その他

のバックグラウンドノイズを遮断するために吸音パネルを提供する，仕事に関係のない会話を最小限にとどめるように同僚に依頼することも考えられます。移動が可能な場合は，高機能ASD者を騒音の多い場所から離す，あるいはプライベートな場所に移動させるといったことも考えられますが，究極の場合は在宅勤務を許可することも必要です。

（4）触覚過敏な場合

　高機能ASD者の中には後ろから近づかれて肩をたたかれるなどの行動はとても恐怖心をあおるものとなります。まずは，ボディタッチなどは高機能ASD者が苦手であるということを同僚・上司に伝えておく必要があるでしょう。

　挨拶などでボディタッチはない場合でも，後ろからではなく高機能ASD者の視界に入った段階で声をかけることが彼らにとって安心です。

後ろから肩をたたくのはNG

7．組織化と優先順位

　高機能ASD者の中には，職務をオーガナイズしたり，それを維持したりするのが難しい場合や，職場での作業の優先順位を付けることが難しい場合があります。

　よって，仕事の計画を立てる，目標設定を行う，仕事を遂行するといった複雑な活動を行うために必要なスキルについて支援が必要になるでしょう。これ

は構造化による支援と言われるもので，やはり視覚優位な特性を活かした支援が有効です。

　まずは，行うべき作業を色の異なるファイルで色分けし，わかりやすくすると，この色のファイルはこの仕事，別の色のファイルは別の仕事と理解が容易になります。次に優先順位ですが，毎日の作業活動を明確にするために週ごとの時間割を図で示すとよいでしょう。就労支援の専門家やジョブコーチ，あるいは同僚・上司と相談し，どのような組織化がわかりやすいかを検討できるように援助をお願いすることで理解度も変わります。

色分けされたファイル入れ

　企業によってはコア上司や企業在籍型ジョブコーチを配置しているところもあります。コア上司というのは，高機能 ASD 者の特性に詳しく，仕事そのものよりも職場のルールやマナー，対人関係などを含めたソフトスキルを専門として指導する上司であり，職務の優先順位がわからない場合の優先順位のつけ方などの支援をお願いすることができます。一つの仕事が終わりきらないうちに違う仕事をしなければならないときなどは，前のプロジェクト（仕事）が完了したときにのみ，新しいプロジェクトを割り当てるといった支援も依頼できます。

文字によるスケジュール

8．ソーシャルスキル

　高機能 ASD 者の中には，仕事で一般的な対人関係を保つことが困難な場合があります。たとえば，同僚・上司が仕事の話をしている際に話に入り込む，コミュニケーションの際にアイコンタクトをとることができない，または一般的なボディランゲージや非言語的なコミュニケーションなどの解釈が困難といった状況を示すことです。これらは，職場での行動基準を遵守する，上司と効果的に働く，同僚や顧客とのやりとりなどに影響を与える可能性があります。

　以下に職場でのソーシャルスキルについての支援方法を紹介します。

（1）職場でのソーシャルスキル

　ソーシャルスキルの範囲は広いので，すべてを獲得する必要はありません。それぞれの職場にはそれぞれの文化があります。よって，その職場で最低限必要な社会的な関わり方の指導をジョブコーチにお願いします。たとえば，職場で受け入れられる行動の具体例を提供します。言葉だけでは理解が十分でないこともあるため，職場での適切なソーシャルスキルを理解させるために，トレーニングビデオを用いて実演してみるのもよいでしょう。また，高機能 ASD 者だけではなく，ともに働く同僚・上司に適切な社会的スキルを使用するように勧めることによって，模倣ができるようになります。挨拶の仕方やそのときに

必要な言葉などはロールプレイシナリオを作成して，職場での適切なソーシャルスキルを指導します。

（2）上司との関係

ASD者はそもそも対人関係が困難であるということが定義の一つに含まれます。よって，定型発達者と同様のソーシャルスキルを身につけることは限界があります。かといって上司に対しては敬語を使って話すのは至極当然のマナーです。ただ，高機能ASD者を定型発達者に近づけようとするのではなく，上司の方も高機能ASD者を理解する必要があります。具体的には，日々行う仕事について，わかりやすいガイダンスおよびフィードバックを提供し，うまくできたら必ず褒めることによって意欲が向上します。感情的にならず，公正で一貫した方法で高機能ASD者の改善すべき領域を説明します。行ってほしい仕事については明確にし，もし期待に応えられなかった場合にはどのようになるかの結果も伝えます。上司は，高機能ASD者にとって何が最も有益であるかに応じて，口頭だけではなく，書面（場合によっては図などを含めて）仕事の内容を説明します。実行機能が弱いため，見通しが持ちにくい場合には，長期目標と短期目標を設定して，達成できなかった場合には短期目標を少しずつ修正し，長期目標をめざします。

会話の方法，会議の方法，規律に従う方法などを高機能ASD者が理解しやすいように変更することによって指導方法の調整を行います。

先に述べたように，会議に参加しなければならない場合は，前もって会議の内容を伝えておくことによって，見通しを持つことができ，精神的な安寧をもたらすことができます。

（3）同僚との関わり

高機能ASD者は言葉によるコミュニケーションが苦手な人もいるため，同僚との会話は最低限にし，あまり会話を強制しない方がいいでしょう。どうしてもコミュニケーションが必要な場合は，言葉による会話ではなく，ラインなどのメールであれば対応可能な高機能ASD者も多くいます。同様に，社員行事への参加も強制しないようにしましょう。会話が必要な職務であれば，別の

部門に異動できるようにすることも考えましょう。可能であれば在宅勤務ができるようにすることも有効な手段の一つです。

9．記憶力の課題

高機能 ASD 者の中には，仕事を完了する能力，職務を思い出す能力，または日常の活動を思い出す能力に困難性がある人がいます。

また，相貌失認といって他者の顔を認識するのが難しい場合もあります。

まずは，言葉は消えてしまうので，指示は文字や文書で提供することをお勧めします。また，新しい仕事を覚えるためには，すぐに結果を要求するのではなく，ゆっくりと時間をかけることにより徐々に仕事を覚えていくことができます。機械操作などではフローチャートを使用して，パソコンのログインや終了などステップを説明すると理解しやすいと思われます。

忘れてはいけない重要な日付や時間などはリマインダーとしてスマートフォンやポストイットノートを使用することも考えます。パスワードなどの重要な情報は安全に維持することを意識して，メモをしておくことを勧めます。どうしても口頭での指示を受ける必要がある場合は，何度も確認できるように音声レコーダーを使用して指示を記録できるようにするといいでしょう。

相貌失認に関しては，同僚の顔と名前を覚えやすくするために，写真と名前をドアやパーテーションに貼っておく，写真入りの名札を付けてもらうことも支援の一つです。仕事関連の質問がある場合には，口頭ではなくメールでやりとりをするようにします。

10．マルチタスク

高機能 ASD 者の中には，同時処理が苦手なため，一度に多くの作業を実行するのが困難な場合があります。この問題は，作業の類似性，作業の容易さや複雑さ，作業の遂行頻度に関係なく発生する可能性があります。

複数の仕事を行わなければならないときは，一度に一つの作業を完了できるように作業を細かく分ける，同時に行わなければならない作業についてフロー

チャートを作成し，それぞれの作業に優先順位をつけてラベル付けまたは色を分けて行うように指導する必要があります。

電話で話しながらコンピュータで入力するなどのマルチタスクが必要な場合は，電話の内容を録音し，電話が終了した後に入力作業を行うことを勧めます。また，同時に行わなければならない作業と個別に行える作業を明確にすることで，できるだけ同時処理が必要な作業は減らすことも検討すべきです。

11. 解決策の事例

(1) マーケティング会社で働く女性

ある高機能 ASD の女性従業員が大規模なマーケティング会社で働いています。彼女は自分個人に与えられた仕事はとてもよくできるのですが，チームでの作業活動に参加することは困難でした。よって，仕事の内容を再度検討しなおしてみました。

仕事の内容についてチーム活動を外し，一人での仕事に集中することにより，自立して働くことができるようになりました。この結果，彼女は不安が解消され，他者と社会的距離を確保することができ，快適に仕事に集中することができるようになりました。彼女がまとめた情報はチームに提供され，マーケティングキャンペーンを進めることができるようになり，間接的にチームにとってプラスの貢献を果たすことができるようになりました。

(2) ファストフード店で新規採用された男性

あるファストフード店に新規社員として，高機能 ASD 者が採用されました。彼は与えられた仕事を迅速に，かつ効率的に行うことはできますが，誰かが次の仕事を行うように指示するまでは，何もしないでボーっとしている状況が続いていました。

マネージャーは，「彼は仕事をしようとせず，ただボーっと突っ立っているだけだ。」と責め立てました。ASD に詳しいジョブコーチは，彼は実行機能が弱いために，先の見通しを立てることができず，指示待ち状態になっていることを見抜きました。ジョブコーチは仕事の流れを確認し，視覚的なスケジュー

ルを立てて，一つの仕事が終了したら，次に別の仕事を行うといった指導を行ったところ，見通しを持つことができ，ボーっとしている状態は消滅しました。

　ジョブコーチはまた，DVD を使用して，職場で必要なマナーを指導し，同僚・上司とのトラブルが生じないように支援を行いました。

（3）口頭での面接が困難な高機能 ASD の男性

　ある化学会社が研究職の求人を抱いていました。学力は高く，とても優秀な高機能自閉症の男性が応募しようと考えましたが，彼は口頭でのコミュニケーションはとても苦手で，ほとんど返事をすることができませんでした。しかし，電子メールや手書きの文字でのやりとりであれば十分に対応できることが分かり，雇用主は第1次面接で，3人の面接官からの質問に答えるために，口頭ではなく書面で回答できるようにしました。その結果，彼は事前に質問内容を把握することができたため，面接においても優れた回答を提出することができ，採用に至りました。

（4）学生との急な相談が苦手な大学教授

　ある高機能 ASD の大学教授は，学生からの相談を受ける毎日のオフィスアワーを守ることが困難であり，相談時間のタイミングが予測できなかった時には不安が高まってしまいました。

　よって，スケジュールを変更するという合理的配慮を実施しました。

　教授はオフィスアワーでの相談時間は設けなければなりませんが，それは週に3日だけと限定することにしました。また，学生がオフィスアワーにおいて相談を予約する方法は，少なくとも1日前までに行うことを提示し，急な相談は受け入れられないことを伝えました。

　そして，相談方法も対面ではなくメールかやむを得ない場合はオンラインで行うことにしました。さらに，学生が相談したい内容を文書化して，前もって教授が相談内容を把握できることで不安を和らげ，以前に行ったその学生との相談について記憶を思い出せるような提案を行いました。

　その結果，教授は不安が軽減され，オフィスアワーにおける困難性はなくなりました。

【参考文献】

Bissonnette, B. (2015)：Helping Adults with Asperger's Syndrome get & stay Hired. JKP（石川ミカ訳 アスペルガー症候群の人の就労・職場定着ガイドブック. 明石書店）

Chen,J.L.,Sung,C.,Pi,S. (2015)：Vocational Rehabilitation Service Patterns and Outcomes for Individuals with Autism of Different Ages. Journal of Autism and Developmental Disorder,45,3015–3029.

独立行政法人高齢・障害・求職者雇用支援機構 障害者職業総合センター (2015)：発達障害者の職業生活への満足度と職場の実態に関する調査研究

独立行政法人高齢・障害・求職者雇用支援機構 障害者職業総合センター (2020)：障害のある求職者の実態等に関する調査研究

独立行政法人日本学生支援機構 (2019)：令和元年度（2019 年度）大学，短期大学及び高等専門学校における障害のある学生の修学支援に関する実態調査結果報告書

Gillberg,C. (2002)：A Guide to Asperger Syndrome. Cambridge University Press.（田中康雄監修，森田由美訳　アスペルガー症候群がわかる本　理解と対応のためのガイドブック. 明石書店）

Hendricks,D. (2010)：Employment and adults with autism spectrum disorders:Challenges and strategies for success. Journal of Vocational Rehabilitation 32 125–134.

井口修一 (2016)：発達障害者（ASD）を対象とした必要な支援や合理的配慮を検討するための職場実習アセスメントシートの作成. 第 25 回職業リハビリテーション・実践研究発表論文集. 障害者職業総合センター

一般財団法人日本心理研修センター監修 (2019)：公認心理師現任者講習会テキスト改訂版. 金剛出版

厚生労働省 (2019)：厚生労働省編 一般職業適性検査. 雇用問題研究会

町田万里子 (2012)：T. リコーナの「キャラクター・エデュケーション」に関する研究. 東アジア研究，10，25-51.

Mesibov,G.B.,Thomas,J.B.,Chapman,S.M,Schopler,E (2007)：TEACCH Transition Assessment Profi le -Second Edition.Pro-ed (. 梅永雄二監修，服巻繁・服巻智子監訳 (2010)：自閉症スペクトラムの移行アセスメントプロフィール – TTAP の実際. 川島書店）

文部科学省 (2012)：通常の学級に在籍する発達障害の可能性のある特別な教育的支援を必要とする児童生徒に関する調査結果について

Muller,E.,Shuler,A.,Burton,B.A. and Yates,G.B. (2003)：Meeting the vocational support needs of individuals with Asperger Syndrome and other autism spectrum disabilities. Journal of Vocational Rehabilitation,18,163-1.

Sparrow, S. S., Cicchetti, D. V., & Balla, D. A. (2005). Vineland adaptive behavior scales (2nd ed.). Circle Pines, MN: American Guidance Service.

Taylor,J.L. and Seltzer,M.M. (2011)：Employment and Post-Secondary Educational Activities for Young Adults with Autism Spectrum Disorders during the Transition to Adulthood. Journal of Autism and Developmental Disorders.41 (5), 566–574.

特定非営利法人全国 LD 親の会 (2017)：教育から就業への移行実態調査報告書Ⅳ

上野一彦・名越斉子・旭出学園 (2016)：S-M 社会生活能力調査票．日本文化科学社

梅永雄二 (2005)：こんなサポートがあれば！．エンパワメント研究所

梅永雄二 (2007)：自閉症の人の自立をめざして　ノースカロライナにおける TEACCH プログラムに学ぶ．北樹出版

梅永雄二・スマートキッズ療育チーム (2017)：発達障害の子どもたちのためのお仕事図鑑．唯学書房

梅永雄二・井口修一 (2018)：アスペルガー症候群に特化した就労支援マニュアル　ESPIDD －職業カウンセリングからフォローアップまで．明石書店

西村優紀美編著：発達障害のある生徒・学生へのコミュニケーション支援の実際－修学から就職後の支援まで－．金子書房 (2021)

中山肇：全国高等教育障害学生支援協議会（AHEAD JAPAN）第 4 回大会・発達障害学生の就労分科会　話題提供 (2018)

村山光子 (2015)．START プログラムによる明星大学の発達障害学生就労支援・梅永雄二（編著）．発達障害のある人の就労支援　金子書房 pp.36-42.

村山光子 (2019)．特例子会社における発達障害者の就労に必要なスキルの検討－発達障害学生の就労支援を踏まえて－ 職業リハビリテーション，33(2) pp.2-13.

ゲーリー・メジボブ（著者代表），梅永雄二（日本版監修，服巻繁（日本版監訳），服巻智子（日本版監訳）：自閉症スペクトラムの移行アセスメントプロフィール—TTAP の実際 -，川島書店 (2010)

梅永雄二・井口修一：アスペルガー症候群に特化した就労支援マニュアル ESPIDD －職業カウンセリングからフォローアップまで，明石書店 (2018)

佐々木正美・梅永雄二：大人のアスペルガー症候群，講談社 (2008)

Becker,R.L. (2005)：Becker Work Adjustment Profile:2 Second Edition. Elbern Publications.

Bissonnette, B. (2015)：Helping Adults with Asperger's Syndrome get & stay Hired.JKP（梅永雄二監修・石川ミカ訳 (2016)：高機能 ASD の人の就労・職場定着ガイドブック．明石書店）

Chen,J.,L., Sung,C. & Pi,S. (2015)：Vocational Rehabilitation Service Patterns and Outcomes for Individuals with Autism of Different Ages. Journal of Autism and Developmental Disorder,45,3015-3029.

Dudley,K.,M.（2017）：An Employment and Post-Secondary Education Intervention Investigating Executive Function Treatment Outcomes for Adolescents with High Functioning Autism. ProQuest LLC.

Grandin,T. & Duffy,K.（2004）：Developing Talents. Autism Asperger Publishing Company.（梅永雄二監訳, 柳沢圭子訳（2008）：アスペルガー症候群・高機能自閉症の人のハローワーク．明石書店）

Hendrics,D.（2010）：Employment and adults with autism spectrum disorders: Challenges and strategies for success. Journal of Vocational Rehabilitation 32 125–134.

井口修一・梅永雄二・遠藤径至・木田有子・猪瀬瑤子・竹場 悠・工藤英美里（2016）発達障害（ASD）のある求職者を対象とした基本的な就労支援ニーズを把握するための職業相談シートの作成．第 24 回職業リハビリテーション研究・実践発表会発表論文集，30-31.

一般社団法人日本心理研修センター（2019）：公認心理師現認者講習テキスト．金剛出版

Keel,J.H., Mesibov,G.B. and Woods,A.V.（1997）：TEACCH-Supported Employment Program. Journal of Autism and Developmental Disorders,27（1）,3-9.

Mesibov,G., Thomas,J.B.,Chapman,S.M. and Schopler, E.（2006）：TEACCH Transition Assessment Profile.PRO-ED Inc.

文部科学省（2003）：今後の特別支援教育の在り方について（最終報告）

文部科学省（2012）通常の学級に在籍する発達障害の可能性のある特別な教育的支援を必要とする児童生徒に関する調査結果.

Muller,E.,Shuler,A.,Burton,B.A. and Yates,G.B.（2003）：Meeting the vocational support needs of individuals with Asperger Syndrome and other autism spectrum disabilities. Journal of Vocational Rehabilitation,18,163-175.

杉山登志郎（2007）：子ども虐待という第四の発達障害．学研プラス

田中康夫監修, クリストファー・ギルバーグ著, 森田由美訳（2003）：アスペルガー症候群がわかる本 - 理解と対応のためのガイドブック．明石書店

Taylor and Seltzer（2011）：Employment and Post-Secondary Educational Activities for Young Adults with Autism Spectrum Disorders During the Transition to Adulthood.

上野一彦・名越斎子・旭出学園教育研究所（2016）：S-M 社会生活能力検査．日本文化科学社

梅永雄二（2005）：こんなサポートがあれば！．エンパワメント研究所

梅永雄二（2017）：発達障害者の就労上の困難性と具体的対策―ASD 者を中心に．日本労働研究雑誌，No.685,57-68.

梅永雄二・井口修一（2018）：高機能 ASD に特化した就労支援プログラム -ESPIDD．明石書店

著者紹介

梅永雄二

勤　務　早稲田大学教育・総合科学学術院　教授　博士（教育学）

経　歴　1983年 慶応義塾大学卒業後，兵庫，大阪や東京の障害者職業センター勤務を経て，1995年から障害者職業総合センター研究員として「自閉症の就労支援」に関する研究を行い，筑波大学で博士号を取得。1998年より 明星大学人文学部専任講師，2000年 助教授，2003年 宇都宮大学教育学部教授を経て2015年より現職。

　　　　2006年8月～2007年9月にノースカロライナ大学医学部精神科TEACCH部留学を経て，その後，現地ノースカロライナへの視察研修の団長を長年務めるなど，TEACCH Autism Programの日本での普及に大きく貢献。栃木県宇都宮市を中心に茨城，青森，大分，埼玉，福島などで3デイのTEACCHワークショップを主催，また，各地で成人期の自閉症の人の就労アセスメントTTAPのワークショップを開催する。

学　会　日本自閉症スペクトラム学会理事（編集委員），日本発達障害学会理事（元編集委員），日本LD学会代議員，編集委員（特別支援教育士認定協会理事），日本子ども学会編集委員

資　格　TEACCH Advanced Consultant，公認心理師，臨床心理士，特別支援教育士sv，自閉症スペクトラム支援士Expert

著　作
・「構造化」よる自閉症の人たちへの支援―TEACCHプログラムを生かす（教育出版）
・発達障害の人の就労アセスメントツール（合同出版）
・発達障害の人の「就労支援」がわかる本（講談社）
・アスペルガー症候群に特化した就労支援マニュアル－ESPIDD（明石書店）
・大人のアスペルガーがわかる（朝日新聞出版）
・仕事がしたい 発達障害がある人の就労相談（明石書店）
・よくわかる大人のアスペルガー（主婦の友社）
・15歳までに始めたい！発達障害の子のライフスキルトレーニング（講談社）
・自閉症スペクトラムの人の移行アセスメントプロフィール-TTAPの実際（川島書店）
・こんなサポートがあれば！1,2,3（エンパワメント研究所）
・自閉症の人の自立をめざして～ノースカロライナTEACCHに学ぶ（北樹出版）
・自閉症の親として（岩崎学術出版社）
・よくわかる自閉症スペクトラムのための環境づくり（Gakkenn）　など

事例提供者

西村優紀美　富山大学〔事例1〕
村山　光子　明星学苑府中校〔事例2〕
上原　深音　株式会社チャレンジドジャパン〔事例3〕
高橋亜希子　株式会社就労移行支援事業所エンカレッジ〔事例4〕
砂川　双葉　特定非営利活動法人クロスジョブ堺〔事例5〕

高機能 ASD 児の教育と自立支援

2021年11月18日　初版第1刷発行

著　者　　梅　永　雄　二

発行者　　伊　東　千　尋

発行所　　教　育　出　版　株　式　会　社

〒135-0063　東京都江東区有明3-4-10　TFT ビル西館
電話　03-5579-6725　振替　00190-1-107340

©Y.Umenaga 2021　　　　　　　　　印刷　神谷印刷
Printed in Japan　　　　　　　　　　製本　上島製本

乱丁・落丁本はお取替えいたします。

ISBN 978-4-316-80497-2 C3036